どんなストレス、クレーム、理不尽にも負けない

一流のメンタル 100の習慣

The first-class mentality -A hundred habits towards

元日本航空CA教官
山本洋子

朝日新聞出版

まえがき

ＣＡとして成功する人には、ある共通点があります。それが、「強いメンタル」と「礼節」です。

嫌なことがあっても、心で泣いて顔で笑う、何があってもへこたれない体育会系的なたくましい「メンタル」と、さりげない心配りで他者を尊重し、人間関係を円滑にする「礼節」です。どんなときにも礼節を失わない姿勢は、自分のメンタルを守ることにもつながります。

「まるで、軍隊のよう！」

素敵な制服を身にまとい、笑顔を絶やさず、優雅にサービスする姿に憧れ、飛び込んだＣＡ（キャビン・アテンダント）の世界に私が抱いた印象です。

私の入社当時、入社後すぐに行われる合宿では、早朝から3キロランニング、ＣＡ専門訓練では、6階の教室にいくにもエレベーター使用禁止、廊下の真ん中を歩くことすら許されません。全員が整列し、きれいに揃《そろ》ったお辞儀と挨拶から訓練が始まるというまるで軍隊のような厳しい世界だったのです。

子どもの頃から憧れ続けた夢の職業。色々な国にタダで行くことができるし、外国で美味《おい》しいものも食べることができる。素敵な制服を着て、颯爽《さっそう》と空港を歩く姿もかっこいい。ただ漠然と、ドラマで観たかっこいいイメージの職業観を持っていましたが、現実は外部から見ていたイメージとは大きく異なり、想像以上に厳しい規律の中で、自分をストイックに律することが求められる世界だったのです。

ＣＡの世界は女性の園です。その中には想像以上に厳しい上下関係があります。必ずしも良好な関係ばかりではありません。今ならパワハラで大問題になるような嫌がらせも、当時は日常的にありました。**「人間関係」に悩む**ＣＡは少なくありません。

またお客様から**理不尽なクレーム**を受けることもあります。接客態度を咎《とが》められ、遅延で怒られ、食事がまずいとクレームが来ることもあります。逃げ場のない飛行機という密室のなかで、常にお客様の様子を窺《うかが》い、気を配ることは想像以上に疲れるものです。

また常に人に見られているという緊張も強いられます。先輩やお客様から何かを言われるたびに、**いつまでもくよくよ悩んでいたり、落ち込んでいては身体がもちません。**

だからこそ、**ＣＡには「健康管理」も必須です。**季節の変わり目ごとに風邪をひいているようではＣＡは務まりません。世界を飛び回るＣＡは、国際便なら12時間以上の長時間勤務や、時差や、季節の変化や、食事時間や昼夜逆転の生活など、あらゆる不規則に対応できる健康と体力を維持することが求められます。

「働き方改革」が叫ばれて久しい日本ですが、夢を持って生き生きと働ける労働環境が、すべての職場で整っているわけではありません。上司が変われば、働きやすさが180度変わって、悪化することもあります。今も昔も、職場や仕事での人間関係に悩む人は大勢います。

このような厳しい荒波の中を、しなやかに、たくましく、そして自分を見失うことなく生き抜くためには、少々のことでは動じないメンタルを手に入れることが一番です。

私が厳しいCAの仕事を25年間続けてこられたのも、徐々に強いメンタルを身につけることができたからに他なりません。客室訓練部で教官として約1000人の新人CAを育成し、CAとしてのキャリアの後半は、サービス品質企画部において、のべ6000人超のCAの査察評価・育成の業務に携わりました。

私が教育者として後輩CAを指導する際には、笑顔の接客を支える**「一流のメンタル＝常に心と体を整える習慣を身につけること」**を伝えるようにしてきました。

それは、私が先輩CAから学んできたことや、ファーストクラスでお会いした一流のビジネスパーソンから教えられてきたものです。メンタルを整えるには、フィジカルを鍛えるようなつらいトレーニングは必要ありません。今までとは少し違う角度から物事をとらえるだけで、気の持ちようは大きく変わりますし、それを日々の生活のなかで習慣化することで、少しずつメンタルは強くなっていきます。

長い仕事人生、悩んでばかりではもったいない。人間関係に悩んでいる人、頑張っているのにうまくいかない人、いつまでもくよくよ考えてしまう人、すべての悩めるビジネスパーソンにとって、本書が少しでも前向きに仕事に向き合える一助になれば幸いです

山本洋子

目次

一流のメンタル　１００の習慣

第1章

一流のメンタルをつくるための基本

第2章 「礼節」が自信とブレないメンタルをつくる

第3章

心と体、一流のコンディショニング法

第4章 理不尽・クレームが怖くなくなるコミュニケーション術

第5章 折れないメンタルを持ったリーダーになる

ブックデザイン／西垂水敦・松山千尋（krran）

第1章

一流のメンタルをつくるための基本

「私はメンタルが弱い」

そう思い悩むビジネスパーソンは多いのではないでしょうか。いつまでも失敗を引きずってしまったり、困難なことに遭遇すると逃げ出してしまったり、強いメンタルを持つ人と比べて、「自分はダメだ」と落ち込んでしまったり……。精神的に劣等感を持つ人は、困難をもろともせずに突き進んでいく人をうらやましく思うものです。

世の中には、生まれながらに打たれ強いメンタルを持つ人もまれにいるのですが、周りから見てメンタルが強そうに見える人も、内心では自分の弱さを気にしていることも多いのです。

私は、人から「心臓に毛が生えてるね」とよく言われます。何があってもめげない強いメンタルの持ち主だと思われることが多いのですが、全くそんなことはありません。

35歳でチーフパーサーになったとき、厳しい上下関係のあるCAの世界で、10年以上社歴の長い大先輩を部下に抱え、日々、胃に穴が開くほどの思いをしてきました。

また、お客様から理不尽とも思えるクレームをいただいたり、ファーストクラスのＶＩＰのお客様からもお叱りを受けるなど、その度に**落ち込み、悩み、人間関係のストレスとプレッシャーに押しつぶされそうになりながら仕事をしてきました。**

研修会社を経営する今では、多少のことでは動じず、たとえ理不尽に批難されたとしても適度に聞き流し、プレッシャーともほどよく付き合えるようになりましたが、それは仕事を通じて、徐々に身につけてきたものです。

「心を整えるスキル」は、パソコンを操作したり、資料を作成したりすることと同様の「ビジネススキル」です。普段から、自分の心を整える習慣や行動、ものの見方を心がけることで、ストレスを抱えたり、困難にぶつかったときに、心が折れることなく、また折れかかってもしなやかに回復できるようになります。

第1章では、一流のメンタルをつくるための基本となる考え方・習慣とストレス対処法について、どんな職場にも日常的にみられる事例を交えながらご紹介していきます。ほんの少し「ものの見方」や「気の持ちよう」を変えて、一流のメンタルを育てていきましょう。

1

〝顔で笑って、心で見ぬふり〟の鈍感な力があなたを強くする

人から「鈍感ね」と言われたら、みなさんはどういう気持ちになるでしょうか？

鈍感と言われて、褒められたと喜ぶ人はまずいないでしょう。一般的に「鈍感」とは、ネガティブなイメージで使われることが多い言葉です。他人の気持ちがくみ取れなかったり、無神経だったり、場の空気が読めなかったりなど、人を褒めるときに使う言葉ではありません。

人から言われると面白くない言葉なのですが、自らが「鈍感」になることで、仕事上では最強の武器になることがあります。

私が25年務めたCAという職業は、目配り、気配り、心配りが求められる接客業です。

接客を極めれば極めるほど、その場の空気を察知し、その場にいる人の声なき感情に耳を傾ける「繊細さ」や「敏感さ」が身についていきます。私が教官を務めていた頃、新人訓練生に、「心のアンテナを立てなさい。後ろにも目を付けて、後ろの目でもお客様をよく観察しなさい」と指導したものです。

目に見えないお客様の気持ちを察する繊細さと、その気持ちをくみ取って配慮する敏感さがお客様サービスには不可欠なのですが、それだけではCAの仕事は務まりません。

実は、「繊細」や「敏感」とは真逆の「鈍感さ」が必要になるのです。

なぜなら、CA業務は自分の非のないところでお叱りを受けたり、クレームを受けたりすることが常。そして、多くの多様な「人」に接する仕事でもあります。そんな環境で、繊細さや敏感さを発揮しすぎてしまうと、仕事が滞るだけでなく、自分の精神状態もおかしくなってしまうことがあるからです。

CAの仕事に限らず、繊細で何にでもよく気がつく人は、人の気持ちやその場の空気で些細《ささい》なことまで感じ取ってしまうから、どうしても何かしてあげようと頑張ってしまうのですね。その一方で、些細なことに気がつくあまり、相手も気づかないような細かいことまで指摘したり、物事の全体像や本質をとらえ違えることもありがちです。

実は、**仕事力が高い人ほど、〝顔で笑って、心で見ぬふり〟ができる人**です。ただの鈍感な人ではありません。心でキチンと人の気持ちやその場の状況をわかったうえで、見ないふりができる。これが「鈍感さ」を発揮できる人なのです。そして大切なことは、顔が笑っていることです。しかめっ面ではなく、笑顔で見ぬふりができる人が、仕事の荒波を楽に乗り越えていける人です。

2 「何とかなるよ」と自分に向けて伝えてみる

私が新人CAの頃、**仕事ができるCAの条件の一つに、「行動が効率よく迅速」**ということが言われていました。何かを頼まれたとき、頼まれたことだけをやるのは当たり前、当たり前どころかそれだけでは三流以下、一つやるのに三つのことを同時にこなすくらいの効率とスピードが求められたのです。

当時の私は、まだ仕事の要領が悪く、優雅にサービスする先輩CAの傍らで、髪を振り乱し、バタバタと客室内を駆けずり回る毎日です。そんなとき、先輩に言われた一言があります。

「着陸しない飛行機はないのよ」

気持ちに余裕がなかった私は、「そんな悠長なこと言われても、着陸するまでに終わりそうにないくらい大変なのに」と心の中で恨めしく思ったものです。先輩が言いたかったのは、そんなに自分を追いつめてバタバタしなくても、何とかなる。もう少し落ち着いて、優雅に振舞いなさいということだったのでしょう。今となっては理解できるのですが、目の前にやるべきことが山積して、気持ちに余裕がないときには、なかなか何とかなるとは思えないものです。

この「着陸しない飛行機はない」という言葉は、大変なこと、つらいことはいつまでも続かない。だからそんなに悲観的にならないで気持ちを楽にして、という励ましの言葉だったのです。世間でよく言われる、「止まない雨はない」や「明けない夜はない」のCA版です。

真面目な人や責任感が強い人は、何かと頑張りがちです。あれもやらなきゃ、これもやらなきゃと自分ができる範囲を超えてしまっているのに、無理してやろうとしたり、周囲の人に助けてもらうことができず一人で抱え込んでしまったりしがちです。

世の中には、自分を追い込み、極限まで突き詰めることにモチベーションを見出す「完璧主義者」がいます。物事を迅速かつ的確にこなし、最後まで完璧にやり遂げることに生きがいを感じるスーパービジネスパーソンです。そうありたいと願うなら、自分に厳しく、極限まで自分をいじめて鍛えぬくこともいいのかもしれません。でもすべてが思うようにならないのなら、たまには張りつめている気持ちを緩めることも必要です。決して諦めたり、途中で投げ出すのではありません。

精一杯頑張っているんだから、それ以上頑張らなくても大丈夫だよ、の意味を込めて、自分の頑張りを褒めてあげるのです。気持ちに余裕がないときや、どうしていいのかわからないようなときこそ、自分に向けて「何とかなるよ」と伝えてあげてほしいのです。

3 自分の行動を1日1回は思う存分褒めよう

最近の教育現場では、「褒めて育てる」ということに重点が置かれています。できないところや間違いを厳しく指導するのではなく、いいところを褒めて伸ばすことが主流です。

私が子どもの頃は、学校の先生にも、両親からも厳しく育てられ、褒められた記憶はあまりないのですが、人から褒められるということは嫌なものではありません。特にゆとり教育世代以前の日本人は、人から褒められることに慣れていないのか、照れくさいのか、褒められても、「大したことありませんよ」などと謙遜することが多いです。褒められて嫌な気持ちになる人はいません。本心では嬉しいと思っていても、素直に喜びを表現することが苦手なのです。謙虚さは日本人の美徳でもありますが、褒められたことを素直に喜べない人は、ごく自然に人を褒めることができないものです。

私は企業のコミュニケーション研修で、「褒めるワーク」を取り入れています。隣の人をひたすら「褒める」という簡単なワークなのですが、褒めるポイントがわからないという受講生が多いのです。最初は、「素敵なネクタイですね」とか「髪型がお似合いですね」など外見や身につけているものを褒めるのですが、だんだんと褒めるポイントが見つけられなくなります。外見で見える範囲だけで褒めるポイントを探そうとすると限界があります。

ポイントは、「行動」を褒めることです。「真剣に話を聞いていただいて感謝しています」とか「わかりやすい説明でした」など、相手の言動に焦点を当てて褒めるのです。それなしに、外見や身につけているものばかりを褒めていると「お世辞」と取られることもあります。

「褒める」という行為は、人を喜ばせ、やる気を引き出します。「お世辞」とは違い「褒める」ということは相手を尊重し、認めることです。だから子どもに対してだけでなく、社会で闘うビジネスパーソンにも有効です。特に部下を持つ役職にある人は、部下のモチベーションが上がるような褒め方を意識しなければいけません。部下の活躍をたたえたり、感謝の気持ちを持っていたとしても、**直接言葉にしないと部下には伝わりません。「そんなこと言わなくてもわかるだろう」という考え方や、「面と向かって褒めるのは、恥ずかしい」などは通用しない時代**です。

私もチーフパーサー時代には、フライトで部下が行った小さな「思いやり」、例えば、ひとりで全員のスーツケースを邪魔にならないところに並べていたことなど、あえてみんなの前で意識して褒めていました。

人が起こした行動を褒めたら、今度は、自分が起こした行動も褒めてください。社会人になり、役職が上がれば上がるほど人から褒められることが少なくなります。だから「褒められる」ことを求めるのではなく、**自分で自分を「褒める」のです。それも1日1回、何か一つ自分のした行動を、思う存分褒める**のです。頑張った自分を素直に認め、褒めることができれば、他者を認め、「褒める」ことが自然にできる自分に変わっていくのです。

4 感情の切り替えは「ラバトリー」ですべて済ます

みなさんは、ご自分の感情を素直に表すタイプですか？　それとも内に秘めてあまり表に出さないタイプでしょうか？

感情の起伏は、誰にでもあるものです。喜怒哀楽の感情は黙っていても、自然と湧き出てくるものですが、それをどう表すかは人によって様々です。性格にもよるのでしょうか、一般的に、気性が激しいといわれるタイプは、感情の起伏が激しく、良い感情も悪い感情もすぐに顔や態度に表れます。「今日の部長は機嫌が悪いみたいなので、近づかないようにしよう」などと他人から感情を読み取られることが多いですね。

一方で、感情が全く表に表れない人もいます。感情が言葉や態度に出ないので、何を考えているのか外からはわかりません。

感情を素直に表現することは、人間味が感じられ、共感することができますが、ビジネスシーンにおいては注意が必要です。個人的な事情で個人的な感情を出すことは、ビジネスパーソンとしての信頼を損なう可能性があるからです。

CAは多くの人に接する接客業です。基本的には、機内でゆっくりとおくつろぎいただけるよう、安らぎと安心感を与える振舞いをします。そのために常に笑顔でいることが求められます。ネガティブな感情を素直に表すことは、許されません。そうはいっても、CAも人間です。理不尽な要求をするお客様を、「嫌だな～」と思ったり、先輩に叱られて落ち込んだりするものです。

私が新人の頃、仕事の失敗を厳しい先輩にこっ酷《ぴど》く叱られ、思わず涙が出そうになったとき、言われたことがあります。

「泣くんだったら、ラバトリー（機内トイレ）に行きなさい。CAは人前で泣くもんじゃないのよ」

泣きそうになっている私をなだめるどころか、仕事で失敗したことに加えて、負の感情を人前で出したことに対しても容赦なく叱られたのです。それ以来、フライト中に起きたつらいこと、悲しいこと、悔しいこと、腹立たしいことなどのすべてのネガティブな感情は、ラバトリーに捨てに行く習慣ができました。**外にいる人に聞こえないよう、小声で言葉にしてラバトリーに流してしまうのです。**

負の感情を押し殺し、自分の中にため込んでしまうと、気持ちが沈み、心が重くなるだけでなく、プラスのポジティブな感情が入ってこれなくなります。そうなってしまう前に、ネガティブな感情は身体の外に放り出してしまうことです。常にフラットで健全な精神状態でいるためには、ひそかに感情の切り替えができる身近な場所を見つけることが一番です。

5 ネガティブストレスは「好きなことをとことんやる!」で、フェードアウトできる

日常生活でストレスはつきものです。仕事上のストレスや家族間のストレスなど、誰もが多かれ少なかれストレスを抱えて生きています。最近では、ペットもストレスで病気になる時代。ス

トレスから簡単には逃れられない社会です。

みなさんは、ストレスとどう付き合っていますか？

ストレスには、即刻身体から追い出したほうがいいストレスと、共存してもいいストレスがあります。共存してもいいストレスは、困難なことやつらい出来事、また多忙を極めるような状況に遭遇したときでも、それを乗り越えるための力になってくれるストレスです。

例えば、新しい重要なプロジェクトを任され、何からどう始めていいのかわからないような手探り状態のとき、不安や混乱で相当なストレスがかかります。でもこれを乗り越えたら、充実した達成感を味わうことができる。成功した自分の姿が想像できる。この場合のストレスは、困難に立ち向かう起爆剤のようなパワーをもたらしてくれるストレスです。

一方で、即刻身体から追い出さなければ、心身に悪影響を及ぼすようなストレスもあります。特に人間関係から生じるストレスなどは、心身に悪影響を及ぼします。最近よく耳にする、○○ハラスメントなどはその典型ですね。

ストレス解消法は、人それぞれあると思いますが、このネガティブストレスを解消する一番の方法は、「好きなことをやる」ことです。

やらなければいけないこと、やるべきことではなく、寝食を忘れて夢中になれる「好きなことをやる」です。それも、ただやるのではなく、「とことんやる！」のです。

ストレスを抱えやすい人は、何をするにも他人を慮《おもんぱか》って気を遣い、神経をすり減らす繊細な人です。そんな人は、**自分の好きなことをすることさえも憚《はばか》られると思ってしまいがちですが、**たまには自分を思いっきり解放してみてください。そして、自分の心が動くこと、時間を忘れて没頭できるような「好きなこと」を、とことんやってください。**あなたが好きなことをとことんやっていても、誰も見ていないし、誰も気にしていないものです。**だから遠慮なく、誰に気兼ねすることなく、好きなことをとことんやることです。

CAはストレス解消のため、身体を動かすことを「とことんやる」人が多いです。フライト後のスイミング、スポーツジム通い、ジョギングなど。フルマラソンに挑む強者《つわもの》も多いです。私は、もっぱらゴルフ。海外のステイ先では、ゴルフでストレス解消です。

好きなことをとことんやったあとは、不思議とストレスはフェードアウトしています。それを定期的に繰り返すうちに、ストレス耐性が養われ、自分でストレスを克服できるフレッシュで強いメンタルができあがるのです。

6 大きなショックからは自分を思いやることで立ち直れる

人は、一人では生きていくことはできません。ときに誰かに助けられ、ときに誰かの力になっているという相互扶助で人間社会は成り立っています。

成人し、社会に出て「働く」ことは、収入を得て、自立した生活を送るために必要なことですが、決して自分のためだけの行為ではありません。そもそも経済活動は「誰かのためになる」ということをベースに発展してきたものですから、働く人はすべて、何らかの形で「誰かのため」の社会貢献に関わっています。

そして、その原点にあるのが、「思いやり」です。世の中のルールやマナーのベースにあるのは、「思いやり」です。人が安心して生きていけるよう整備されたのが「ルール」であり、相手を不快にさせない配慮から生まれたのが「マナー」です。すべての人が、ルールやマナーを守っていれば、世の中は「思いやり」に満ちた社会であるはずです。

最近、ルール違反、マナー違反が目につくようになりました。ルールを守る、マナーを守るということは、社会に対して最低限の「思いやり」なのですが、残念なことにそれが崩れてきたということなのでしょう。

「思いやり」は心です。「思いやり」が形になったルールやマナーはわかりやすいのですが、普段は目には見えないものです。こちらが良かれと思ってやったことが、相手にとっては大きなお世話になることもあります。

CA時代、シンガポールからの帰国便に乗務したときのことです。成田に早朝到着する深夜便で、ほとんどのお客様はお休みになります。客室のライトをオフにし、機内は真っ暗になるのですが、エコノミークラスに一カ所だけライトが点《つ》いている座席があります。ライトを消し忘れてお休みになったのだろうと、そのお客様に気づかれないようライトを消したのですが、「眠れないからライトをつけているんだ。勝手に消さないでほしい」と不快感をあらわにされたのです。私は、ライトが眩《まぶ》しくてお休みづらいだろうと気を利かしたつもりだったのですが、お客様にとってみれば、大きなお世話だったのです。

良かれと思ってやった善意が否定されてしまうと、ショックは大きいものです。それだけでなく、「もしかしたらまた大きなお世話になってしまうかも」と次の善意の行動にブレーキがかかります。これは接客業に限らず、日常生活の中でも起こり得ることです。

このお客様も、私の善意を踏みにじったわけではありません。こちらの想《おも》いとお客様の状況に相違があっただけなのです。**「思いやり」のかけ違いは、よくあることです。そういうときは、人のためを「思いやった」自分に「思いやり」をかけてください。**相手のことを思いやるように、自分が嬉しいと思うこと、大好きなことで自分を思いやる。私はこのとき、普段は手が出せない高級シャンパンを一杯、自分にご馳走《ちそう》しました。そうすることで、また次の「思いやり」の気持ちが湧き出てくるのです。

7 「演じる力」こそが仕事のパフォーマンスを最大化する

役者は演じることが仕事です。与えられた役は、どんな役であれ臆することなく、演じ切ることが基本です。出演者それぞれに役が決められ、その役割に応じてそれぞれが適切に演じることで、作品全体の評価が決まるのです。一人でも役に沿わない演技をしてしまうと、作品の出来栄えが大きく変わってしまいます。役者一人ひとりの個性も重要ですが、個性を消してでも、作品を際立たせる総合的な演技力が問われます。

機内業務の一番のメインとなるサービスは、なんといってもミールサービスです。今では、有名レストランや料亭のお料理にとどまらず、ラーメンやうどん、カレーライスなどの庶民的な国民フードも堪能でき、各社工夫を凝らしています。乾燥した機内でいただくラーメンやうどんは、特別美味しく感じるもので、お客様にも大好評です。

ミールサービスにはそれぞれ役割が決められています。お客様に直接サービスを行うキャビンデューティとギャレーと呼ばれる機内の台所で食事の準備や調理を担当するギャレーデューティです。CAになったら、客室でエレガントにサービスする姿に憧れを抱くものですが、実はキャビンデューティを任されるまでには、長い道のりがあります。新人はまず、ギャレーデューティを完璧にこなさなければ、キャビンには出られないのです。

現在は、業務負担の公平性から、キャビンもギャレーもまんべんなく担当するのですが、私が新人だった頃は、明けても暮れてもギャレーデューティです。キャビンデューティがお客様に滞りなく、スムーズにサービスするためには、裏方の段取りが完璧でなくてはなりません。徹底的に裏方のギャレーで修業を積み、ようやくお客様にサービスできるようになるのです。フライトを始めて、1年くらいからキャビンデューティができるようになります。ギャレーのカーテンの中では、多少バタバタと動き回っても許されるのですが、客室に出ると優雅にサービスしなければいけません。常に笑顔で優雅に振る舞う先輩がまぶしく見えます。

バタバタと歩き回る私を見かねて、先輩がアドバイスしてくださいました。
「キャビンに出たら、女優になったつもりで通路を歩きなさい。前からだけでなく、横からも後ろからも常に見られている意識を持って。どれだけ忙しくても、バタバタした姿をお客様には見せてはいけません」

ＣＡの仕事は、飛行機という非日常の空間で、お客様に空の旅をお楽しみいただく夢のある仕事です。それを演出するＣＡが、自らそのイメージを壊してはいけないのです。

成功するビジネスパーソンは、自分の与えられた役割に相応《ふさわ》しい役を「演じる」人です。

演技派と呼ばれる役者が自分の個性を消して、与えられた役に没頭し、作品の完成度を上げることに貢献していることと同様、ビジネスパーソンも「演じる力」で仕事のパフォーマンスを最大化できるのです。

見た目だけを演じるのではなく、中身も当然必要ですが、恥ずかしがらず、臆することなく、まずは最低限の演技力を付けることで、外部の人からの信頼を得ることができます。そしてその信頼が自信となり、さらに仕事のパフォーマンスが上がっていきます。

8

まずは「型」を整えることで、「心」も成長する

デパートなどで、店員さんがお客様が見えなくなるまで深々と頭を下げ、見送っている姿をよく見かけます。

最近でこそ見慣れた風景になりましたが、「お買い上げいただきまして、ありがとうございます」というお客様への感謝の気持ちが表れている一方で、「そこまでやるの？」というやり過ぎ感と、「何かわざとらしいなあ」というやらされている感を覚える人もいるのではないでしょうか。

デパートに限らず、飲食店や訪問先の企業でも「お客様を見えなくなるまで見送る」光景は頻繁に見かけるようになりました。

「お客様が見えなくなるまで見送る」という行為は、スタッフが心からの誠意をもって行っている場合は、その気持ちがお客様にも伝わります。そしてそれを見ている周りの人にもわかるものです。でもそれが、マニュアルで決まっているから仕方なくやっているのであれば、その気持ち

も露骨に表れています。それが表れるのが、頭を上げたときの表情です。仕方なくマニュアル通りにやっている人は、頭を上げた瞬間の表情が、どこか冷たく、目線がお客様に残っていないのです。心を込めて頭を下げている人は、頭を上げた瞬間、最後にお客様が見えなくなった方向に視線を送っています。

どんな業種であれ、「お客様を大切にする」という気持ちは必要です。お客様があってこそ、企業の存続が成り立ちます。そのため多くの企業は、顧客満足度を上げる方法を様々模索し、それを行動指針として徹底しています。

「お客様が見えなくなるまで見送る」ということも、心を型で表す一つの方法です。**最初はやらされている感があっても、マニュアルで規定されているから仕方なくやっているのだとしても、それを徹底してやること**です。心がある人は、自然と型にも表れているものですが、心がないと型にも表せません。型だけ整えても仕方がないのですが、心も型もないのであれば、まずは型だけでも徹底することです。

型が整うだけでもビジネススキルは向上します。型が整ってくると、周囲から信頼され、それに伴い心も成長していくのです。

9

〝いま何が大切か〟の優先順位をブレさせず行動する

ビジネスシーンにおいて、仕事の優先順位をつけることはとても重要です。計画性なく、手当たり次第に仕事に取り掛かると、効率が悪いばかりでなく、良い成果も出ないものです。物事の段取りをつけることが苦手な人は、優先順位をつけることも苦手であることが多いのです。

CAの仕事は、フライトという決められた時間枠の中で、機内サービスという決められた業務をこなさなければいけません。常に時間との闘いです。時間の制限がある中では、優先順位を考えないと、一番重要な業務が疎《おろそ》かになったりしがちです。

私がチーフパーサーのとき、配下には15名のCAがいました。経験も職位も違う15名がチームでフライトするのですが、仕事を任せられる部下は、「今、何をすべきか」を常に考え、臨機応変に対応できるCAでした。自分の都合で業務を進めたり、目先の状況だけ見て判断してしまうと、サービスの流れが止まり、全体にバタバタした印象のサービスになってしまうのです。

サービスの手順はマニュアルで決められており、CAはそれに従ってサービスを行うのですが、相手はお客様です。マニュアル通りに進まないことも多々あります。

例えば、ミールサービス中に、免税品のお買い物をしたいというお申し出があったような場合、ミールサービスを中断して免税品の販売を始めてしまうと、ミールサービスがストップしてしまいます。他のお客様に迷惑がかかるだけでなく、それをカバーするCAの負担が増え、業務が滞ってしまいます。お客様のためを思い、すぐにお客様のご要望にお応えしたいという気持ちは理解できるのですが、ここで必要なことは、優先順位を考えて行動することです。

このケースの場合は、お客様に状況を丁寧に説明し、免税品はミールサービスが終わったらすぐに対応する旨をお伝えすることが適切な対応であり、サービスを中断させないことが一番の優先順位なのです。

つまり、**「いま、やらなければいけないことは何なのか」を判断するためには、「いま、起こっていること」だけを見ていてはいけない**のです。広い視野で全体を見、やるべき事柄に重要性、緊急性に応じて順番をつけていくことです。この順番を間違えてしまうと、余計な時間がかかったり、効率が落ちてしまうだけでなく、仕事の質そのものが悪くなってしまうのです。

「優先順位をブレさせない」ことで、仕事の効率が上がるのはもちろんのことですが、足元だけを見るのではなく、一歩先、二歩先と見る視野を広げていくことで、全体像を見る習慣が身につきます。この習慣が、キャリアアップのためには重要な要素となるのです。

10 損得を気にして目の前の仕事に優劣をつけない

航空会社の営業は、飛行機をご利用いただくビジネスパーソンや旅行客を集めることが仕事です。どんな企業でも、営業と名の付くものは、数値目標を掲げ、それに対する実績を基に順位付けされます。CA業務の中で唯一営業成績として数字に表れ、実績が順位付けされる業務があります。それが機内販売です。多種多彩な商品を揃え、飛行機の中でしか買うことのできない限定品などもあって、空の上でのお買い物を楽しみにしている方も多いのではないでしょうか。

今では大きな収益源の一つになっている機内販売ですが、実はCAにとっては少し厄介な業務でもあるのです。理由は三つあります。

一つは、機内販売を行うタイミングが難しいことです。機内販売は、ミールサービスが終わった後に、カートで商品を座席までお持ちし、実際に商品をお手に取っていただきながら販売を行うのですが、前方客室で販売に時間がかかると後方までたどり着くのにかなりの時間を要してしまいます。このため客室後方のお客様は、待ちきれないところに食後の睡魔が加わり、販売カートが到着する頃にはすっかりお休みになってしまうことが多いのです。

二つ目の理由は、ＣＡのマインドです。ＣＡの主な業務はお客様サービスです。そのため商品を売るということに抵抗を感じる人が多いのです。お休みのお客様を無理やり起こして販売しているわけではないのに、お休みのお客様がいるところで機内販売の声をかけ、販売することがお客様の迷惑になると勘違いしているＣＡもいるのです。

そして三つ目は、販売実績数値化への嫌悪感です。ＣＡはおもてなしの心や気配りをモットーにサービスにあたっています。損得ではなく、純粋にお客様に喜んでもらいたいとの想いで日々フライトしているのです。数値化できない無形のサービス、スマイルゼロ円の世界です。だから目標数値が明確な機内販売業務は、心的ハードルが高く、負担に感じるＣＡが多いのです。

ＣＡ業務に限らず、ハードルが高いと感じる業務を抱えているビジネスパーソンは多くいます。そんなときは、この業務はやったほうがいいのか悪いのかという損得勘定を優先してしまいがちですが、目の前にある仕事に優劣をつけず、やるべきことを選択せずに淡々とこなすことです。

なぜなら、それは**必要とするところや必要とする人に必ず届く**からです。機内販売でいえば、お休みのお客様が多い中でも、お休みの妨げにならないように配慮し、販売することをコツコツ続けたことによって目標が達成でき、私はチーフパーサー1年目で社内で表彰されました。

与えられた仕事は、自分で優劣を判断せずに、与えられている以上は愚直にやり遂げることが大切です。それを積み重ねていくことで、気がつくといつの間にか頂点に立っていたということもあり得るのです。

11

「魔の11分」のイメージトレーニングを習慣にする

フライトには、「魔の11分」（クリティカル・イレブン・ミニッツ）と呼ばれる時間帯があります。11分とは、離陸の3分間と、着陸の8分間の11分間のことをさします。航空機事故の大部分が、この11分間に起こっていることから、航空業界ではこの時間帯を「魔の11分」と呼んでいます。

離着陸時の操縦は、熟練のパイロットでも緊張が強いられるものです。そのため、特にこの時間帯はパイロットが操縦に専念できるように、緊急事態でない限り客室から連絡してはいけないと規則で定められています。

パイロットだけでなくＣＡも離着陸時は緊張する時間帯です。ジャンプシートと呼ばれる乗務員席に、穏やかに微笑《ほほえ》んで座っているように見えますが、実はとても神経を集中させ、頭の中で「あるシミュレーション」を行っています。

それは、「いま」何か異常が起こったらどう行動するか！のシミュレーションです。離陸滑走中、オーバーランしたらどうするか、エンジンから火が見えたらどうするか、などあらゆる事態を想定して、イメージトレーニングをしています。

そして「いま」起こっている事態に対して具体的にどう行動するかを頭の中で組み立てているのです。機長にはどのように連絡するのか、パニックをどう収めるのか、ドアはどのように開けるのか、ドアが開かなかったときにはどうするか、お客様をどう誘導するか、などすべてのＣＡが、この「魔の11分」に、意識を集中させ、咄嗟《とっさ》の事態に対して身体が動くように日頃から訓練されているのです。たとえ、12時間を超えるロングフライトで体も頭もヘトヘトになっているようなときでも、着陸のときには全神経を集中させ、緊急事態に備えています。

これは、スポーツ選手のイメージトレーニングにも似ています。最高のパフォーマンスができるように、常に頭の中でシミュレーションを繰り返し、イメージ通りに身体が動くまで練習を繰り返します。オリンピック選手は、自分が金メダルを取り、表彰台に上るときのガッツポーズまでイメージして試合に臨むそうです。

緊急事態や、咄嗟の出来事、ここ一番というようなときには、イメージトレーニングは有効です。頭でイメージした画像を身体に送り込み、行動を起こさせます。**特別なときだけでなく、これを毎日の業務に取り入れるとパフォーマンスは断然上がります。**例えば、メールチェックと必要な返信は30分で終わらせて、午前中は資料作りに充てるなど、イメージトレーニングして行うだけで、日常のルーティンワークの効率もよくなります。成功のイメージだけでなく、失敗のイメージも具体化することで、無用な失敗も防ぐことができるのです。

ポジティブにイメージするだけで、自信がつき、モチベーションもアップします。それが、最高の成果につながっていきます。

12

「裏方仕事」が完璧なＣＡほど、実は評価が高い理由

人には色々なタイプがあります。大きく分けると、人前に出て最高のパフォーマンスを発揮で

きるタイプと、裏方として物事を調整したり、段取りを整えたりあまり表には出ないタイプ。みなさんはどちらのタイプでしょうか？

どちらが良い、悪いではなく、向き不向きの問題なのですが、役割によって仕事の成果が変わってくることがあります。

先に述べたように、ＣＡの仕事には、客室に出てお客様サービスを行うキャビンデューティと、機内の厨房《ちゅうぼう》で客室のサービスを支えるギャレーデューティがあります。仕事の役割としては、キャビンデューティが表方、ギャレーデューティが裏方といったところでしょうか。

どちらが欠けても業務に支障が出るのですが、機内業務においては、実は裏方であるギャレーデューティがサービスの要になります。

客室でにこやかにサービスするＣＡの姿は、一見とても優雅に見えるのですが、カーテンで仕切られたギャレーの中は、離陸前から戦場さながらの状況が広がっています。地上では、食事は予約数搭載されているか、お子様用のお食事などスペシャルミールは搭載されているか、サービスアイテムに搭載漏れがないか、電気系統に不具合はないかなどのチェックに始まり、サービスが始まると、食事の温めや調理、盛り付けから、キャビンデューティが動きやすいようにサービスアイテムを準備するのです。この裏方の手際の良さと段取りこそが、キャビンデューティがスムーズにサービスできるかどうかの分かれ道となります。

できるCAのギャレーワークはまさに職人技です。必要なアイテムが必要なときに準備され、不必要なものはその都度キチンと片付けられるため、狭いギャレーの中も整然としています。キャビンデューティがお客様に最高のパフォーマンスができるよう、裏方の役割を完璧にこなしています。「今日はサービスがスムーズだった」と思うフライトは、間違いなくギャレーデューティの動きが完璧です。

一般的に、裏方の仕事は目立たず、パフォーマンスが人目に触れることも少ないため、ときに過小に評価されることもあるかもしれません。でも、表方の仕事の成果が大きければ大きいほど、それは裏方の貢献度が高いものです。

裏方であるギャレーデューティが、どれほど完璧であっても、お客様に直接褒められることはありません。でも**仕事の品質は裏方の実力で決まるといっても過言ではありません。**

些細なことも労を惜しまず、コツコツと積み重ねる真摯な仕事ぶりは、必ず誰かが見ています。そして想像以上に高い評価を得ることになるのです。

13 「できない、やってもしょうがない」と自分で安易にジャッジしない

やるべきことを途中で投げ出す人には、共通の傾向があります。

それは、「できない」「やってもしょうがない」と簡単に結論づけてしまうことです。仕事の場合、継続すること、やり遂げることに、多少の困難はつきまとうものです。特に、チームで仕事をしているような場合は、自分の思うようにいかないことも多いです。

実際の業務のなかで、「やってもしょうがない」と思う作業は多々あります。これをやっても無駄になるとか、必要ないかもしれないという間接的な作業です。

例えば、会議の準備をするようなとき、今日の会議の議題にはないけれど、もしかしたらこの資料が役に立つかもしれない、と思ったら、みなさんはどうしますか？

できるビジネスパーソンは、「役に立つかもしれない」ということに焦点をあてて、資料を準備します。準備をしたところで、結局は必要なかったということも多々あります。でも最初から、今日の議題にないのでこの資料はどうせ使わないだろう、準備なんて「やってもしょうがな

い」とは思わないのです。仕事ができ、周囲から信頼されているビジネスパーソンは無駄を無駄とは判断しません。一見無駄に見えることや、それが実際無駄になったとしても、やる前から結果を安易に判断しないのです。

そして、「できない」も同様です。私の知人に、部下に対して何か指示をすると、度々「それはできません」と即答され、困り果てている経営者がいます。上司は部下の能力を把握しています。能力以上の過大な要求はしないものですが、それでも「できない」を主張するようなのです。

仕事に対するスタンスは人それぞれです。昇給や昇進を望まない働き方もあります。でも働く以上、人から信頼されたいという欲求は誰にでもあるはずです。その信頼を得るためには、「できない、やってもしょうがない」と自分で安易にジャッジしないことです。

仕事は無駄と困難の連続です。やったことすべてが成果にはつながらないものですし、乗り越えるには困難なことも多い。だから、**「できない」**や**「やってもしょうがない」ではなく、「できるかもしれない」「やってみよう」で臨む**のです。

そして、その愚直に努力する姿を見ている誰かが、あなたを応援し、あなたの成功を後押ししてくれます。

14 「ま、いいか！」という口癖で自分の可能性を狭めない

「ま、いいか！」、これは私もよく使う口癖です。

楽天的な性格の人が、よく使う言葉ではないでしょうか。物事をあまり悲観せず、なるようになる的な、ポジティブな発想の「ま、いいか！」です。

私は、嫌なことがあっても一晩寝たら忘れるタイプです。できることをやり尽くし、クヨクヨ考えていてもどうしようもないことに対しては「ま、いいか！」で気持ちを切り替えることがよくあります。

一方で、悲観的でネガティブな「ま、いいか！」があります。何か困難なことが起きると、立ち向かうことなくすぐに諦め、途中で放棄する「ま、いいか！」です。

気持ちを切り替えて、前向きになれるのならいいのですが、投げやりにすべてを諦めてしまうような口癖は、おすすめできません。なぜなら、口癖や思考は現実になることが多いからです。

ＣＡ時代、私の部下に、物事をなんでも悲観的に考える人がいました。穏やかな性格の美人

さんなのですが、お客様に叱られた、仕事でミスをした、など上手くいかないことがあると、すべて悲観的にとらえるのです。「どうせ、私なんて……」とか「何をやっても、上手くいかない……」とか、すべてを悪い方へ悪い方へ考え、最後は、「ま、いいか！」と開き直る。これでは、仕事の技量も上がらず、人間的にも成長しません。

同じ「ま、いいか！」でも、意味合いが全く違うのです。

私は上司として、まず彼女の口癖を改めさせ、「ま、いいか！」を禁句にしました。物事を悲観的に考え、上手くいかないことをすべて仕方がないと開き直り、困難に立ち向かうことを最初から諦めてしまうことを許さなかったのです。

ビジネスにおいては、どれだけ頑張ってもできないことや、上手くいかないことがあります。でも彼女のように、できるかもしれないことをできないと決めつけ、「ま、いいか！」を口癖に困難をやり過ごしてしまうことは、自分の可能性を大いに狭めてしまいます。

そして、ネガティブな「ま、いいか！」が口癖になってしまうと、知らず知らずのうちに、すべてがネガティブに作用してしまうものです。

「ま、いいか！」を口癖にしていいのは、何かことが起こったときに、自分ができる対処をし、できる努力を尽くしたあとだけです。やれることをやったあとは、望む結果が出なくとも悲観的になる必要はないからです。そういうときこそ、ポジティブな「ま、いいか！」です。

ネガティブな「ま、いいか！」を繰り返していた部下ですが、口癖を改めた結果、半年後に表情が明るく変化しました。**性格は簡単に変えることはできませんが、口癖は少しの意識で変えることができます。**ネガティブな「ま、いいか！」を口にしなくなっただけで、気持ちも意欲も変わったようです。いい口癖は、物事をポジティブな方向に導いてくれます。口癖一つでビジネスライフは大きく変わっていきます。

15 仕事・人脈・成長の可能性を潰す「五つのDワード」

みなさんは、「五つのDワード」をご存じでしょうか？

「でも」「だって」「だから」「だけど」「どうせ」のDから始まる言葉をいいます。これらは、すべて「言い訳」をするときに使いがちな言葉です。相手にネガティブな印象を与えるため、ビジネスマナーの研修では、これらの言葉を使わないよう指導します。本人には自覚がないことが多いのですが、普段の会話でも無意識のうちに口をついて出てきていることが多いのです。

この無意識という感覚が、実はくせものです。なぜなら自覚がないまま、思考が、「言い訳」モードに入っているからです。

人は、誰しも自分の行いや考えを正当化したいものです。

例えば、スケジュールを誤認してしまったようなときや、約束に遅刻してしまったようなとき、みなさんはどのような行動をとるでしょうか？　謝罪はするものの、あれやこれやと「言い訳」を考えるのではないでしょうか。当然、起こったことに対する説明は必要です。また、原因が不可抗力のこともあるでしょう。しかし、それが度を超すと、相手は「言い訳」をしていると感じます。

客室訓練部で教官をしていた頃、私が担当した新卒入社訓練生のクラスに、遅刻の常習者がいました。定時運航が大命題の航空会社では、遅刻は許されません。早朝便乗務では、朝3時、4時起きも当たり前の世界です。時間管理ができないようでは、CAは務まりません。新人訓練では、社会人としての基本と生活習慣をみっちり叩《たた》き込みます。

それでも学生気分が抜けきらない訓練生は、遅刻をしてしまいます。遅刻をするたびに彼女は「言い訳」をするのです。「目覚まし時計が壊れて鳴らなかった」とか「電車が遅れた」はまだかわいいものです。あるときは、「定時に会社には着いていたけれど、気分が悪くなって、トイレにこもっていた」というのです。彼女が言うことが真実であったとしても、目覚まし時計を2つセットする、とか時間に余裕をもって家を出るとか、何らかの対応をするのが、社会人の基本です。

遅刻を繰り返すことも問題なのですが、一番の問題は「言い訳」をすることです。仮に遅刻をしたとしても、第一声は「言い訳」であってはいけません。

こういう場合は、まず真摯な謝罪です。「遅れまして、申し訳ございません。二度とこのようなことのないよう、注意いたします」です。「目覚ましが壊れていて、寝過ごしました。申し訳ございません」ではありません。「言い訳」は責任転嫁です。**たとえ電車遅延のような不可抗力であっても、「言い訳」を先に立てると、仕事の信用力も下がっていきます。**ビジネスにおいて、信用力が低下すると、自分の成長を止めるだけでなく、人も離れていきます。「言い訳」は百害あって一利なしの、ビジネスにおける毒薬です。

16

困難にあたっても、自分でできる「8割」まではやってみる

ビジネスシーンにおいて、困難な状況にぶつかることが多々あります。すべてが計画通り、思い通りに進むといいのですが、いくら準備万端で臨んでも、どれほど細心の注意を払っても上手くいかないことがあるのが現実です。特に接客業などお客様相手の職業では、想定外の予期せぬ出来事が起こるものです。

予期せぬ困難に当たったとき、みなさんならどう行動するでしょうか？

飛行機の機内業務はファーストクラス、ビジネスクラス、エコノミークラスの各クラスに決められた担当者がいます。それぞれの役割が決められていて、インチャージと呼ばれるクラス責任者が、そのクラスのサービス方法やサービスにかかる時間の管理などを行い、担当の客室で起こったことを、各便に一人だけいるすべての客室の責任者であるチーフパーサーに報告するという役割を担っています。

例えばお客様からクレームがあった場合、そのクラスのインチャージが第一に対応することに

なるのですが、強いクレームの場合は「チーフパーサーを呼べ！」となることがあります。怒りの鎮まらないお客様にしてみれば、下っ端のＣＡでは話にならない、責任者を出せということなのでしょう。呼ばれたチーフパーサーはお客様の話を伺い、対応を行うのですが、ここに至るまでで、仕事ができるインチャージとできないインチャージの差が出るのです。

仕事ができるインチャージは「困難を丸投げしない」のです。

クレーム対応はＣＡでも嫌なものです。特に希望する食事が食べられなかったというようなクレームは食事の搭載数に限りがあり、どうすることもできません。**自分に非のない不可抗力のクレームにどう対応するかが問われる**のです。「責任者を呼べ」と言われたら、すぐにチーフパーサーに対応を依頼することも決して間違いではありません。でも責任感のある人なら、解決するための知恵を絞り、全力を尽くして解決しようとするのではないでしょうか。

仕事ができるインチャージは、とりあえず「自分ができる8割はやってみる」ことを徹底しています。「責任者を呼べ。下っ端では話にならん」と罵倒されても、お客様に食らいつき、何とかお怒りを鎮めようと努力するのです。結果が１００％完璧でなくていいのです。そのために上司がいます。

だから失敗を恐れず、お客様のクレーム処理を買って出ることや、同僚の間で何かまとまらないような案件があれば、進んで折衝を申し出るなど、**人が嫌がる仕事ほど、進んでやってみるこ**

とです。

困難を上司に丸投げしてしまう人とそうでない人では、問題を解決するスキルに雲泥の差がつきます。困難に当たっても、自分でできる8割を何とかやってみようとする姿勢が仕事の基礎体力を作ります。そして体力がついた仕事の基礎は、周囲からの信頼へとつながっていくのです。

17

先輩や上司が言ってることでも、お客様の利にならない、と判断したら雑音として聞き流す

会社組織には必ず人間関係があります。規模や組織によって多少の違いはあるものの、日本においては、先輩や上司は絶対的な存在であることが多いものです。最近は、先輩や上司にも比較的自由に発言したり、提言したりできる風潮が定着し始めていますが、日本的な上下関係は依然として残っています。

ＣＡの世界は、先輩後輩の上下関係がとても厳しい業界です。同じ採用試験を受け、同年に入社した者の中にも、上下関係ができるのです。私が入社した年は、ＣＡとして約４５０人が

採用されました。このような大人数では、同時期に一斉に訓練は受けられません。ですので、１期20名でクラス分けがされ、４期80名が１カ月ずつ時期をずらして入社するのです。早い人は４月に入社するのですが、一番遅い人は10月入社です。入社の時点で半年の差ができるのです。今思うと理不尽なことですが、**１日でも早く入社し、１日でも早く訓練を受け、１日でも早くＣＡデビューした人が先輩**になるのです。

その基準になるのが「期」なのです。**一期違えば虫けら扱い**です。現在は「期」もなくなり、そこまで厳格な上下関係はなくなりましたが、私が新人の頃は、とても厳しい上下関係がありました。当時はお客様に気を遣うよりも、先輩に気を遣うことが優先された世界です。そんな世界ですので、先輩の言うことは、「はい」と二つ返事で聞かなくてはいけません。先輩には絶対服従、まるで軍隊です。

どんな組織にもあてはまることですが、先輩や上司の言うことが絶対とはいえ、それが必ずしも正しいとは限りません。先輩や上司とて間違った指示を出すこともあります。

面と向かって間違いを正すことができる関係であれば、それに越したことはありませんが、先輩や上司にはなかなか言い出しにくいことが多いものです。

そんなときはどうすればいいのでしょう？

それは、**間違った指示は「雑音」として聞き流す**ことです。

雑音として聞き流していいか悪いかの判断は、上司の指示したことがお客様の利になるかならないかを基準にするのです。例えば、お客様対応をしている最中に上司から急ぎの用事を頼まれたとか、お客様を後回しにしなければいけなくなるような上司の指示は、「雑音」です。先輩や上司の指示が理不尽な場合は、お客様がどう思うのか、お客様に不利益にならないかの「お客様視点」に立って考えれば、答えは明確です。あくまでもお客様が主体であって、自分の都合や好き嫌いの感情で聞き流すこととは違います。

現場のお客様視点が徹底されている組織は、活性化され、成果も出ているものです。そういう組織の先輩や上司であれば、部下の下した判断に理解を示し、後押ししてくれるはずです。

ただし、先輩や上司の間違いをあとから指摘し、蒸し返してはいけません。

ここをグッと我慢して、先輩や上司を立てることができれば、自然とあなた自身の評価が上がり、信頼を得ることができます。

最後の最後まで、雑音は雑音として聞き流し、**一度流してしまった雑音は聞き返さない**ことが鉄則です。

18 自分にとって「負けず嫌い」でいよう

私は、自他ともに認めるかなりの「負けず嫌い」です。勝ち負けにこだわる性格なのでしょうか。仲間うちで行う簡単なゲームでも負けるのは嫌、ジャンケンですら負けると悔しいと思ってしまいます（笑）。「負けず嫌い」というと一般的には、人に負けることが嫌いで、人より優位に立ちたい、負けている自分が許せないというきつい性格をイメージします。その反面、自分が負けていると思うところや劣っているところを改善しようと、目標を立て、それに向かって一生懸命に努力するという一面もイメージされます。「負けず嫌い」と一言で言っても、解釈次第でいい意味にも悪い意味にも取れる言葉なのです。

私が人から負けず嫌いと言われて嫌な気持ちにならないのは、自分の足りないところを埋めようと陰ながら頑張っている努力を認めてもらえたと思えるからかもしれません。いい意味に解釈すれば、決して悪い言葉ではないのです。

私は航空会社を退職後、外資系の保険会社に7年ほど籍を置きました。保険営業は想像以上に厳しい世界です。常に新規契約を課せられるハードワークです。成績不振でやめていく仲間も多い中、優秀な営業パーソンほど、自分で自分に高いノルマを課していました。それは、**2w（2ウィーク）と呼ばれる1週間に2件の新規契約を取るというノルマ**です。それを何週続けられるかを自分に課して営業するのです。

1週間に2件の新規契約を取り続けることは並大抵のことではありません。「初めまして」のお客様を常に探し続け、毎日のように商談の場に座ってもらうことは、相当の行動力と営業力、そして何より血のにじむような努力が必要です。保険の営業パーソンは、ここで挫折してしまう人が多いのです。そんなときに「負けず嫌い」を発揮できるかどうかで結果が大きく変わってきます。

ビジネスパーソンにとって、いい意味での「負けず嫌い」は必要な要素です。勝ち負けだけがすべてではありませんが、簡単に負けを認めてしまえば、成長はないからです。そして、**最も重要なことは、競う対象は「他人」ではなく、「自分」であること**です。相手を敵にして「負けず嫌い」になると、負けた場合に、嫉妬や恨みなどの別の負の感情が強く出てしまうことがあります。だからあくまでも、負けることを許さない相手は、自分であるべきです。

自分に対して「負けず嫌い」でいれば、知らず知らずのうちにメンタルが鍛えられ、多少のつらいことも苦にならない最強のビジネスパーソンとなることができます。

「礼節」が自信とブレないメンタルをつくる

第2章

「礼」に始まり、「礼」に終わる。日本人ならば一度は耳にしたことがある言葉ではないでしょうか。剣道や柔道などの武道において、勝負よりも作法や相手への敬意を重んじるという基本精神を表しています。

武道に限らず、古来から「礼」を尽くすという考え方は日本人に重んじられてきました。挨拶やお辞儀の仕方、目上の人を敬うこと、正しい敬語を遣うことなどは、礼儀の基本としてビジネス社会では重要視されています。**どれだけ仕事ができても礼儀を欠く人は、信頼を得ることができない**のは、今も昔も変わりありません。

社会人に求められる礼儀は「ビジネスマナー」と言い換えることができます。新入社員が企業に入ってまず学ぶことはビジネスマナーです。ビジネスマナーは企業人としてなくてはならない基本だからです。

礼儀は、社会秩序を守るための振舞いや作法です。作法は規則と違い、守らなくても罰せられることはありませんが、社会人として信頼を得ることはできません。

だからと言って、礼儀を身につけ、礼儀正しくしてさえいればいいのかというと、そうではありません。慇懃《いんぎん》無礼という言葉があるように、正しい敬語を話せても、相手をカチンとさせてしまったり、不快感を与えてしまうことがあるのです。教えられたマナー通りに礼儀作法が完璧にできても、心が伴っていないと相手には誠意が伝わらず、かえって嫌みで無礼な印象を与えてしまいます。

そういう人に足りないのが、「礼節」です。**「礼節」とは、「礼儀と節度」**です。「節度」というのは、行き過ぎがない適当な程度のこと、つまり「ほどほど」ということです。

礼儀を押し付けるのではなく、相手や状況に応じて、程よく礼儀を尽くすこと。つまり**「礼節」とは、単なる「礼儀」ではなく、相手に対する敬意と思いやりの心が伴った行き過ぎでない礼儀**のことです。

礼儀と節度を兼ね備えた**「礼節」をわきまえている人には、おのずと人が集まり、信頼を得ることができます。信頼感が増すと、自分に自信がもてるようになり、メンタルも強化されます。**

この章では、「礼節」をわきまえることがいかに大切であるかについて、ファーストクラスでご一緒した一流のビジネスパーソンから学んだことや、CAも実践している「礼節」についてご紹介します。

19 商談を成功に導く「礼の位置」と「おへその正対」

新人CAが、訓練でまず最初に厳しく教えられることがあります。それが、**「接客の5原則」**といわれるものです。お客様に応対する際に必要な接客の基本姿勢で、**「笑顔」「挨拶」「身だしなみ」「言葉遣い」「立ち居振舞い」**の5項目をいいます。

CAは、この5項目を徹底的に叩《たた》き込まれるのですが、完全に習得し、すべてを実践できるようになるのは、簡単なようで意外に難しい基本なのです。

特に、「立ち居振舞い」に含まれる「正対」。これは、お客様に接する際の「立ち位置」のことなのですが、新人CAには、なかなか定着しない項目の一つです。

「正対」とは、お客様の正面から対応すること。横から物を渡したり、後ろから話しかけたりすることは、NGとされています。そして正面といっても、真正面ではありません。お客様の真正面に立つと威圧的な感じを与えてしまいますので、**真正面よりやや気持ちずらした位置で対応することが「正対」です。**

この立ち位置は「礼の位置」と呼ばれています。**両手を時計の10時10分の位置に広げた範囲の中が「礼の位置」**です。お客様に接する際には、この「礼の位置」の中で対応することが基本になります。

これは、どんなビジネスシーンにおいても有効です。相手に話しかけるとき、物を渡すとき、挨拶をするとき、名刺交換をするときなど、どんなときでも「礼の位置」での「正対」が望ましい姿です。相手が10時10分の位置に手を広げた範囲、つまり相手の「礼の位置」に入り、自分も正面を向けてキチンと対応することが礼儀正しい振舞いです。

「正対」とは、相手に「おへそ」を向けることです。体の中心である「おへそ」が相手に向けられていない状態は、相手と向き合っていないのと同じです。

ビジネスにおいて、最強の礼儀は、「正対」です。相手に対し、心も体も正面から向き合うことです。商談の際、正面に座る相手に対しては、自然と正対になりますが、斜めや横に並んで座るような場合には、体の向きを少し変えて、「おへそ」を相手に向けるのです。顔だけを相手に向けている状態とは、相手に与える印象に雲泥の差が出ます。

「正対」が身についている人は、相手に誠実で、自信に満ちた頼もしい印象を与えます。そしてその姿は、キチンと向き合ってくれているという無言のメッセージとなり、相手に伝わります。ちょっとした体の向きで印象は大きく変わるのです。

礼儀礼節は、ビジネスにおける最強の武器です。礼儀をわきまえているだけで、周りの評価は変わります。無礼のレッテルを張られてしまうと、剝がすことは困難です。

ビジネスパーソンの価値を高めてくれるポイントは、「おへそ」にあります。

20 相手との距離を縮めたいときは、「情の位置」を使う

新型コロナウイルスの蔓延《まんえん》で、「ソーシャルディスタンス」という言葉が広く認知され、感染防止のために、人との社会的距離を保つことが世の中に定着しました。

今でこそ、人との距離感に敏感になりましたが、人は無意識のうちに人と一定の距離を保ち、これ以上近づかれたら不快に思う限界があります。それは、「パーソナルスペース」と呼ばれるもので、自分の空間に他人がどこまで入ってきたら不快に思うのかを表す、いわば心理的な縄張りのことです。「ポータブルテリトリー」などと呼ばれることもあります。

みなさんも、「この人、やたらと距離が近いなあ」とか、電車などで、「これだけ空いているの

に、なんで隣に座るの？」と思ったことがあるのではないでしょうか。これは、自分の縄張りに他人が侵入してくることで、不快に思ったり緊張したり、防衛しようとする意識が働くからです。逆に、こちらは親しみを感じているのに、相手が自分との距離を取って、あまり近づいてこないと、不安になったり、「嫌われているのかな」と寂しさを感じたりしてしまいます。

パーソナルスペースには、個人差があります。男女によっても、国民性によっても、相手の立場や相手との関係性によっても、その人の感受性によっても許せる範囲が異なります。

アメリカの文化人類学者エドワード・T・ホールは、このパーソナルスペースを「密接距離」「個体距離」「社会距離」「公共距離」の四つの距離に分類し、ビジネス上のあらたまった場面では、「社会距離」を保つことを提唱しています。

「社会距離」というのは、相手との距離が1・2〜2メートル。知らない相手やビジネスのような公的な場面では、この距離が相手も心理的な違和感を感じない距離なのです。

パーソナルスペースは、相手との距離ですが、距離の他にもう一つ重要なポイントがあります。それが、相手との位置です。

前の項目で、お客様に接するときは、「礼の位置」に立って「正対」する、とお伝えしました。両腕を10時10分の位置に広げた範囲の内が「礼の位置」です。公的な場面では「礼の位置」で人に接することが基本ですが、**相手との心理的な距離を縮めたいときには、相手の真横に位置し**

ます。これを「情の位置」といいます。初対面や正式なビジネスシーンで、真横から話しかけるのは、馴《な》れ馴れしく思われてしまうこともありますので注意が必要ですが、ある程度相手との関係が出来ているような場合には、より親近感が増します。

礼節を重んじる有能なビジネスパーソンは、パーソナルスペースに敏感です。礼儀正しく相手との距離を適切に保ち、ときに位置を変えて、相手との距離を縮め、相手の懐に飛び込む。信頼は、相手との「距離」と「位置」で手に入ります。

21 最初と最後は目を合わせる

みなさんは、子どもの頃、「ちゃんと目を見て話しなさい」と叱られた経験はないでしょうか？　自分に都合の悪いときや、何かやましいことがあるとき、自信がないようなとき、人は、相手と目を合わせられず、伏し目がちになります。

「目は口ほどにものを言う」ということわざがあるように、**人の心理は「目」に表れます。**会話中、相手が目を合わせなかったり、目が泳いでいたり、違う方向を見ていたりすると、とても気になり、会話どころではなくなるものです。それだけでなく、目を合わせない相手には、不信感を抱いてしまい、本音を話すことはありません。

人間関係において、「アイコンタクト」は、とても重要な意味があります。

エグゼクティブと呼ばれる人達は、「アイコンタクト」がとても上手です。**ファーストクラスにお乗りになるＶＩＰの多くは、「アイコンタクト」を極めて自然に行う達人**です。例えば、ミールサービスのとき。「〇〇様、お待たせいたしました。ステーキをお持ちいたしました」とステーキを持って座席に近づくと、すぐに顔を上げ、まず私と目を合わせます。そして、ステーキをテーブルに置くと、ステーキに目をやった後、必ず最後に私の目を見て、「ありがとう」とおっしゃるのです。

最大のポイントは、食事を出された後に、きちんと相手の目を見て「ありがとう」が言えるかどうかです。

最後に目を合わせる、この「ラストアイコンタクト」ができない人が多いのです。これができるとできないでは、印象が大きく変わります。ファーストクラスのお客様に、ありがとうの言葉と共に「ラストアイコンタクト」で目を合わされたＣＡは、そのお客様に心を奪われるものです。

アイコンタクトは、最初と最後が肝心なのです。

みなさんは、レストランで食事をするとき、出された食事だけに目を配るのではなく、立ち去る前のスタッフと目を合わせ、「ありがとう」を言葉にしていますか？

たったこれだけのことですが、アイコンタクトは、瞬時に人間関係を築き、好印象を与える魔法のような力があります。そして、「ファーストアイコンタクト」と「ラストアイコンタクト」をセットで行うだけで、相手はあなたのファンになります。

ファンが増えれば増えるほど、ビジネスは急速に発展します。

たかが「アイコンタクト」、されど「アイコンタクト」。恥ずかしがらずに、まずは身近な人と目を合わせてみてください。「ラストアイコンタクト」を意識して。信頼は、「ファーストアイコンタクト」と「ラストアイコンタクト」で、より早く築かれていきます。

22

「挨拶時は立つ」だけで、信用され自信もつく

小学生の頃、授業が始まる前、先生が教室に入ってきたら、当番が号令をかけ、「起立」で全員が席を立ち、「礼」でお辞儀をし、「着席」で全員が席に着くことが普通の光景でした。

客室訓練部で教官をしていた頃も、授業が始まる前には、訓練生は起立をして、「よろしくお願いいたします」と挨拶することが基本でした。

日本では、子どもの頃から「挨拶は起立して行うもの」として、教え込まれてきました。

日常シーンにおいて、必ずしも起立をして挨拶することがすべてではありませんが、「挨拶」の意味を考えれば、おのずと行動も変わってくると思います。むしろ、座ったままで挨拶することに、何となく違和感を覚えるようになるものです。

「挨拶」の「挨」は、押す、「拶」は、迫るという意味があります。元々は、禅家の僧たちが押し問答をして、悟りの深浅を試した修行の一つ、「禅問答」から来た言葉とされています。

挨拶は、「相手の心を開き、近づく」ために行うものであり、人間関係の第一歩は挨拶から始まります。だから**挨拶するときには、「立つ」ことが礼儀**とされているのです。

ファーストクラスにご搭乗のお客様には、客室の責任者であるチーフパーサーが離陸前にお一人おひとりの座席に伺い、ご搭乗御礼のご挨拶をします。

「○○様、本日はご搭乗ありがとうございます。私は、客室責任者の山本と申します。飛行中ご用がございましたら、ご遠慮なくお申し付けください」

毎回のフライトでこのようにご挨拶するのですが、ある著名な建築家の方は、私がご挨拶に伺うと、座席から立ち上がってご挨拶を返してくださるのです。ご著名な方ですので、日頃から人に挨拶されることに慣れていらっしゃるはずですが、**私のようなサービススタッフにも、わざわざ立ち上がってご挨拶を返してくださるお姿に感動した**ことが思い出されます。

挨拶は立ってするものということは、頭ではわかっていても、大人になっても愚直に実行できる人はなかなかいません。役職が上がり、社会的に地位が高くなっていくと、自分よりも役職が下の人や目下の人には、自分から挨拶すらしない人も多いのです。誰に対しても、分け隔てなく挨拶する。これだけでも、十分に信頼されるのですが、「挨拶時は、立つ」これが習慣になり、さりげなくできるようになれば、人に好感を与え、さらに信頼感が増すのです。完全に立つことがないまでも、立とうとする気持ちが肝心です。相手の存在を認め、リスペクトする気持ちが現れているからです。

「挨拶時は、立つ」。このほんの小さな振舞いで、あなたの印象と信頼度は劇的に変化します。信頼されると、人はますます力を発揮し、それが自信につながっていくのです。

23 「返事」と「挨拶」の違いがわかっているだけで、超一流への階段を一歩あがれる

「朝、起きて家族に挨拶しましたか？」

ビジネスマナー研修を行う際、私が必ずする質問です。

「毎朝、きちんと挨拶しています」と答える人は多いのですが、中には、「いわれてみれば、子どもにはするけど、奥さんには〝おはよう〟は言ってないなぁ」とか、「挨拶しても返事が返ってこないから、しなくなった」とか「家では愛犬にしか話しかけない」なんて笑うに笑えない話が飛びだしたり、挨拶一つとっても、人によって様々な状況が窺《うかが》えます。一概には言えませんが、家族に挨拶をしない傾向は、男性に多いのかもしれません。

ＣＡ時代、早朝の国内線に乗務するといつも感じることがありました。東京－大阪間など早朝のビジネス路線のお客様は、９割以上がスーツ姿のビジネスパーソンです。早朝で仕事前ということもあり、ピリピリした緊張感が漂っています。フライト中はお休みになる方、仕事の準備をされる方など様々ですが、早朝のビジネス路線に乗務するときは、できるだけお邪魔をしない

よう静かなサービスを心掛けます。CAにとって、少し気を遣うフライトなのですが、ご搭乗時だけは、さわやかに元気よくお出迎えします。

ここでみなさんに質問です。早朝のビジネス路線、仮に400名のお客様がお乗りになるとして、CAの挨拶に対して、どのくらいの方が挨拶を返して下さると思いますか？

キチンと数えたわけではありませんが、「おはようございます」という言葉に対して、「おはようございます」と返ってくる人数は、400名中だいたい3～4名といったところでしょうか。

会釈する方、無言で頭だけ下げる方、「どうも」と言ったり、「あぁ」と言う感じでうなずく方など、何らかのアクションを返して下さる方はいらっしゃるのですが、キチンと声に出して、「おはよう」と返して下さる方は、驚くほど少ないのが現状です。

ビジネスマナー的に言うと、これらは挨拶とは言えません。**「おはようございます」と言われて「おはよう」と返すのは、ただの「返事」**です。

「あいさつ」は**「明るく」「いつでも」「先に」「続けて」とゴロ合わせで言われるように、これらの要素がなければ「挨拶」ではない**のです。

「明るい」声と「明るい」態度で、気分が乗ったときだけではなく、「いつでも」、目下の者から挨拶してくるのを待つのではなく、誰に対しても自分から「先に」、そしてそれを「続けて」行うことが、「挨拶」です。

「挨拶」と「返事」は違います。日常的に行っている「挨拶」ですが、「明るく」「いつでも」「先に」「続けて」を意識するだけで、「挨拶」の質が変わります。

超一流のビジネスパーソンは、「挨拶」も超一流でなければいけないのです。

24 時計を見ずに、話をする

外資系保険会社で保険営業に携わっていたとき、商談の際に気をつけていたことがあります。それは、「商談中は時計を見ない」ということです。

商談は決められた時間内で収めなければいけません。ダラダラと話を続け、時間に無頓着であることは、相手の時間を奪っているのと同時に、ビジネスパーソンとしては失格です。

時間は気になるところなのですが、「時計を見る」という振舞いは、相手に誤解を与えたり、気を遣わせたりしてしまうことがあります。

例えば、話が弾み、あなたが気分良く話しているところで、相手がチラッと時計を見たら、あなたはどう思うでしょうか？

「なんとも思わないよ」という人もいるかもしれませんが、恐らく、「話がつまらないのかな」とか、「話を早く終わらせてほしいのかな」とか、「次の予定が迫っているのかな」など、少なからず気持ちがざわつくのではないでしょうか。もしくは、「自分が話をしているのに、話の腰を折られた」と不快に思うこともあるかもしれません。

悪気はなく、ただ時間が知りたいだけであったとしても、「時計を見る」という所作は、相手によっては、遠回しに拒絶されていると感じるノンバーバル（非言語）コミュニケーションでもあるのです。

CA時代、ファーストクラスでサービスが終わり、お客様と雑談していたときです。興味深いお話を伺い、長い時間話し込んでいたのですが、時間が気になり、チラッと時計を見てしまったのです。その所作を見逃さなかったお客様は、「長い時間拘束してしまいましたね、お仕事の邪魔をして申し訳ない」とおっしゃったのです。サービスのプロとして、いかなる場合でもお客様に気を遣わせてしまうことは一流ではありません。

この場合も、時計を見ずにさりげなく話を終えるのが、お客様に気を遣わせないスマートな振舞いだったのです。

この経験から研修講師となった現在も、研修中は「時計を見る」という所作を受講生に悟られないよう、腕時計を外して手元に置き、時間を確認しています。

そんなに細かいことまで気にしなくてはいけないの？と思われるかもしれませんが、ビジネスパーソンとして成功するためには、相手が気にしないような些細《ささい》な礼節を大切にすることです。

相手が気にする人かそうでないかは関係なく、どんな相手であっても、どんな状況であっても、相手に気を遣わせることや不快に思うかもしれないことはしないことが鉄則です。

「時計を見る」という日常の何気ない所作ですが、相手にとっては意味のあるメッセージとして伝わります。礼節を重んじるビジネスパーソンは、時計を見るときも細心の注意を払うのです。

25
超一流のビジネスパーソンほど、誰に対しても分け隔てなく「丁寧で正確な敬語」を使っている

みなさんは、ご自分の言葉遣いに自信はありますか？

このように問いかけると、ほとんどの方が、自信がないと答えます。

多くの方が言葉遣いに苦手意識を持ってしまうのは、敬語の使い方に自信がないからではない

でしょうか。

言葉は、一度口から出してしまうと、なかったことにはできません。言葉遣い一つで相手に与える印象は大きく変わってくるものです。言葉が乱暴な人は、人柄も乱暴な人という印象を与え、美しい言葉遣いで話す人は、それだけで素敵な印象を与えます。

つまり、**「言葉遣いイコールあなたの評価」**なのです。

ファーストクラスにお乗りになるＶＩＰのお客様は、話し方が穏やかな方が多いです。語気を強めたり、感情的になったり、大声でまくしたてるような話し方をなさる方にはお会いしたことがありません。

そして印象的なのは、乗務員に「敬語」で話しかけられる方が多いことです。敬語は相手を敬い、目上の人に対して遣う言葉です。お客様がＣＡに対して敬語を遣わなくても許されることなのですが、**ファーストクラスにお乗りになるほとんどのお客様は、きちんとした敬語と、「です」「ます」の丁寧語で話しかけられます。**

「手の空いたときでいいので、お水を一杯いただけますか？」であったり、「到着の一時間前に起こしてもらえますか？」というように、乗務員にも気を配った丁寧な話し方をなさる方が多いのです。

私の知人の男性経営者にも、相手が年下でも初対面の人には必ず敬語を遣い、誰に対しても基本は敬語で話しかけているという方がいらっしゃいます。

超一流と言われるビジネスパーソンは、言葉遣いを大切にします。相手が年下でも、利害関係のない間柄でも、初対面の人に対しても、誰に対しても、丁寧で正確な敬語を遣って話をします。**人を見て、言葉を使い分けるようなことはしない**のです。

正しい敬語を遣い、言葉遣いが丁寧な人は、人からの信頼も厚く、一目置かれる存在になります。同じことを言っても信頼される人とそうでない人の違いは、ちょっとした言葉遣いにあります。言葉遣いは、一朝一夕に良くなるものではありません。

超一流のビジネスパーソンは、誰に対しても丁寧な敬語を遣い、言葉で相手に好印象を残す達人です。

26　正しい敬語にも、思わぬ落とし穴がある

ビジネスパーソンにとって、丁寧で正しい言葉遣いができることは必須条件です。

どれだけ仕事ができたとしても、他人とコミュニケーションを取る手段である言葉遣いが乱れていたり、乱暴であったりすると、人としての品性を問われるだけでなく、仕事の信頼も失いかねません。

CAは接客業です。この章の冒頭で述べた「接客の5原則」といわれる接客の基本対応を徹底的に叩き込まれます。言葉遣いも重要な原則の一つ。正しい敬語はもちろんのこと、方言も徹底的に矯正します。

普段から言葉遣いを徹底して指導されているCAも、言葉遣いについて、お客様からお叱りを受けることがあります。

例えば、忙しいミールサービス中、突然お客様に呼び止められたとき、「はい、しばらくお待ちください」と返事をします。また、離陸前に手荷物を収納していただくようなとき、「お手荷物は上の棚にお入れください」と依頼します。

このようなやり取りは、フライト中よく見かけるシーンです。言葉遣いは間違ってはいませんし、正しい敬語を遣っているのですが、クレームを受けることが度々あります。

口調がきつかったり、顔の表情が険しかったりと、言葉遣い以外の要因が重なっていることも多いのですが、一番の原因は、実は、「正しい敬語」そのものにあるのです。

「しばらくお待ちください」や「お手荷物は上の棚にお入れください」は、丁寧な言葉のように

聞こえますが、形としては「命令形」です。

本来、「〇〇してください」は、依頼する場面で使う言葉です。言っている側は依頼のつもりでも、聞いている側が命令と受けとめると、当然相手はカチンときて、トラブルになるものです。

こういう場合は、**文末に「?」がつく疑問形の言い方をする**ことです。

つまり、「しばらくお待ちください」を「**しばらくお待ちいただけますか?**」に、「お手荷物は上の棚にお入れください」を「**お手荷物は上の棚にお入れいただけますでしょうか?**」と言い換えるのです。

疑問形の言い方に変えただけで、命令ではなく、相手にお願いをする気持ちが伝わり、相手に与える印象が劇的に変わります。

言葉は一度口から出てしまうと、元に戻すことはできません。言葉の訂正はできても、相手に与えた不快感は簡単には消せません。

正しい敬語で話すことができたとしても、それがいつも正解ではありません。正しい敬語の思わぬ落とし穴にはまらないよう、ちょっとした言葉遣い、特に相手への命令と取られないように気をつけることが、信頼されるビジネスパーソンには必要です。

27

キレそうになったときこそ「3秒」待とう

最近、よく耳にする「キレる」という言葉。感情をコントロールできない人が増えているのでしょうか。

「人ごみの中で、肩がぶつかった」、「店員の口のきき方が気に入らない」など、些細なことで怒りを爆発させたり、職場においても、気に入らないことや思い通りにいかないことで、暴言を吐いたり、人にあたったり。男女を問わず、子どもから老人まで、怒りの感情をあらわにする人が増え、感情を激しく表に表さないという日本人の国民性が変わってきたようです。

航空機を利用するお客様のなかにも、突然「キレる」人がいらっしゃいます。

エコノミークラスのお客様が、何も言わずにシートをリクライニングしたため、後ろのお客様が腹を立てて、前のお客様を殴ってしまったことがありました。シートの間隔が狭く、リクライニングすると後ろに座るお客様は圧迫感を感じてしまうのですが、公共の場でのマナーを軽視すると、とんでもない事態に発展するものです。

この場合、リクライニングする前に、「座席を倒していいですか？」と後ろの人に一声掛けていれば、後ろの人も突然「キレる」ことはなかったかもしれません。そして、後ろの人も、もう少し冷静になれば、殴ることを思いとどまったと思うのです。

この後、機内迷惑行為という形で社内の規定に沿って対応することになったのですが、時間が経《た》って感情が落ち着いてくると、両者ともに反省をし、お互いに謝罪して決着となりました。

人は誰しも感情が高ぶることは多々あります。我慢しきれず「キレる」こともあるとは思うのですが、感情のまま怒りを爆発させてしまうことで、払う代償は大きいです。

感情が高ぶって、声を荒らげそうになったときは、目をつぶり、まずは3秒やり過ごすことです。怒りの感情をコントロールするアンガーマネジメントという手法では、イライラしたら6秒待つと教えていますが、時間ではなく、自分の怒りの感情をいったん手放すことが重要です。**目をつぶり、3秒やり過ごすと少し気持ちが落ち着きます。**

売り言葉に買い言葉、やられたらやり返すという姿勢で、感情をぶつけてしまうと、人間関係もうまくいかなくなります。

ビジネスシーンにおいて、「キレる」ことは、命とりです。自分の感情をコントロールできない人というレッテルが貼られ、人も情報も集まらなくなります。

感情に振り回されない、ブレないメンタルは、たった「3秒」で養われます。怒りの感情と、それを表す怒りの表情は「3秒」で手放す。これと引き換えに、「度量の大きい頼れる人」という勲章が手に入るのです。

28

「ゆったりした動作」が信用度を高くする

子どもが元気に走り回っている姿は、ほほえましく、大人を楽しい気分にさせてくれます。おもちゃを投げたり、物を粗雑に扱ったとしても、不快に思う大人は少ないでしょう。

もし大人がこの子どもと同じことを職場でやったとしたら、どう感じるでしょうか？

オフィスをバタバタと走り回り、書類を投げるように手渡したり、出入りの度に大きな音を立ててドアを開け閉めしたりする人は、無神経な人として周りから敬遠されているかもしれません。

子どものような落ち着きのない粗雑な振舞いは、大人には不釣り合いであり、人としての感性と品位を疑われることになります。

立ち居振舞いや所作は、長年にわたり身についたもので、無意識に出てしまうものです。何気ない日常の所作が、あなたが無意識のうちに、あなたの「人となり」を周りの人に印象付けているのです。

ＣＡ時代、当時まだ皇太子でいらっしゃった天皇陛下が、ヨーロッパへご公務の際の皇室特別便に乗務しました。陛下がお乗りになるファーストクラスの客室を担当したのですが、**陛下の立ち居振舞いの美しさに感銘を受けた**ことを今でも鮮明に覚えています。

所作の一つひとつが、丁寧でとても優雅なのです。食事をなさるときの所作、座る、歩く、話す、うなずくなどの**何気ない所作が流れるように美しく**、思わず見とれてしまうほど惹《ひ》きつけられました。

陛下の周りだけ違う時間が流れているかのように、すべての所作が、「ゆったり」なのです。ゆったりというと、トロトロとのろまな印象を持ってしまう方もいらっしゃるかもしれませんが、**ゆったりした動きのなかにもキレがあり、緩急のついた一つひとつの所作に「間」がある**のです。まさに「神」を感じる瞬間でした。所作がゆったりと美しいことは、安心感を与え、人を惹きつけることを改めて学びました。

多忙な日常業務の中で、つい粗雑に物を扱ったり、乱暴な振舞いをしたり、バタバタと慌ただしさを漂わせ、毎日を送っていることも多いと思います。

そんなときこそ、「ゆったり」した動作です。焦る気持ちや急ぐ気持ちを所作に表すのは、二流の人です。**一流のビジネスパーソンは、どんなに急いでいても、心の中がどんなに焦っていても、動きに心のうちを反映させません。**ゆったりした動きの中にこそ、人を惹きつける品位が現れ、それがあなたの信用度をさらに高めてくれることになるのです。

29

「手添え」の技術が、ステイタスをあげる

みなさんは「手添え」という言葉を耳にしたことはあるでしょうか？

言葉通り、手を添えることを意味するのですが、何に手を添えるのでしょうか？

これは、CAの世界でよく使われる言葉なのですが、例えば、お客様にお水をお出しするとします。お水の入ったコップをお客様のテーブルに置くのですが、コップを置いたあと、コップから手を離すとき、サッと引き払うように手を離すのではなく、少し余韻を残すように手を添えてから、ゆっくりと手を離す動作のことを「手添え」といいます。手を添えるのは、時間にして

1〜2秒ほどでしょうか。

これは、CAの接客上のテクニックにとどまりません。**日常生活の中で、人に何か物を手渡すときや、物を置くときなど、意識して「手添え」を行うだけで、相手に与える印象が変わってきます。**

最近は、コロナウイルスの影響で、物の受け渡しにも神経を使うようになりました。人との接触を避ける意味では、なるべく物を介したやり取りはしないほうがいいのですが、極端な物の扱い方は考えものです。

例えば、コンビニでのおつりのやり取りです。キャッシュレスでお買い物をすれば問題はないのでしょうが、キャッシュで支払いをして、おつりを受け取る際、おつりを投げるように渡し、少しでも手が触れようものなら、ばい菌に感染するかのごとく手をサッと引っ込める店員さん。これは、コロナで対策をしているのではなく、コロナ感染が始まる前から見られた光景です。

人に何かを渡した後、相手から手を引くときの所作には、無意識のうちに気持ちが現れます。いかに丁寧にお渡ししても、そのあとサッと素早く手を引っ込めてしまうと、相手にはいかにも汚いものに触れたかのように、伝わってしまいます。

「手添え」は単に手を添えるということだけではありません。手を添えることで、相手に心を残すという意味も含まれているのです。**ほんの1〜2秒、手を添えることで、相手に丁寧に向き**

合っているという気持ちが伝わります。

ＣＡの動きが優雅で洗練されて見えるのは、そんな小さな手の動きまで神経を届かせているからです。心や気持ちは、目には見えません。だからこそ、気持ちを形に表すことが必要なのです。

おもてなしや相手がホッとするような瞬間は、「手添え」から生まれます。言われなければ相手は気づかない「手添え」ですが、ほんの数秒、手と心を添えることで、あなたのステイタスは確実に押し上げられます。

30 落ち込んだとき、口角を上げるだけでモチベーションを維持できる

みなさんは「笑顔の効用」をご存じでしょうか？

笑顔でいたほうがいいことは何となくわかっていても、日常生活において、自分の表情を意識することはあまりないのではないでしょうか。

眉をしかめた仏頂面の人と、明るくニコニコ笑っている人とでは、人生における出会いの数も大きく変わってきます。明るくニコニコしている人のほうが話しかけやすく、親しみを感じます。そういう人の周りには自然と人が集まってくるものです。

笑顔は、誰とでもすぐに打ち解けられる「最強の武器」です。そして、相手に元気や幸せを与えることができる栄養剤でもあります。笑顔が笑顔を呼び、その場の雰囲気が明るく変わるということは実際にあることです。

笑顔でいると、「幸せホルモン」と言われる脳内物質セロトニンが分泌され、ストレスを軽減するということも科学的に立証されています。

笑顔でいることは、いいことずくめなのですが、日頃あまり意識されることがありません。

この**「笑顔の効用」は、ビジネスにこそ活用する価値があります。**特に日本の男性はシャイなのか、笑顔が上手く作れないという人が多いです。職場の人間関係がギスギスしていたり、部下が何を考えているのかわからないと悩むビジネスパーソンこそ、「笑顔」を意識することをおすすめします。**いつもより「笑顔」を意識して相手に接すると、相手は気持ちがほぐれ、心が和むものです。日頃、表情が乏しい男性ほど効果はてきめんです。**

笑顔は、相手とコミュニケーションを取る上でも最強の武器になります。

外国人男性は、見知らぬ人に対しても、さりげなく笑顔を向けます。私がフライトを始めて間もなくの頃、ステイ先のホテルですれ違う外国人の多くが、目が合うと笑顔で挨拶をしてくることに驚きました。知り合いでもない人に、笑顔で挨拶をする光景など、当時の私には考えられないことでしたので、「この人、私に気があるのかしら?」とあらぬ想像をしたりしたものです。

外国人にとって「笑顔」は、「私は、あなたの敵ではありません」という友好の意味を表すものです。「笑顔」は社交にはなくてはならない手段なのです。

「笑顔」は他者に向けて効果を表すだけではありません。「笑顔」が人を元気にする力は、自分に対しても効果抜群です。**落ち込んだとき、嫌なことがあったときほど、意識的に「笑顔」でいることです。**口角を上げて、「笑顔」を作るのです。ひきつった笑顔でかまいません。「笑顔」でいることで、不思議と嫌な感情は薄れ、徐々にモチベーションも上がっていくのです。

ビジネスにおいて、相手に好印象を与え、自分のモチベーションも上げてくれる「笑顔の効用」を利用しない手はありません。

31 顔や髪を触って話すと、自信がないと思われる

人には、それぞれクセがあります。自分で自覚しているクセもあれば、無意識のうちにやってしまっているクセもあります。自覚している場合は、気をつけることもできるのですが、無意識に出てしまうクセは、自分では気がつかないうちに、人に不快感を与えていることもあります。

それが、「顔や髪を触る」クセです。顔や髪を触る頻度や触り方にもよりますが、会話中あまり頻繁に顔や髪を触ると見ているほうが気になってしまいます。

髪を触るクセは、特に女性に多く見られます。

サラサラのロングヘアの女性が、髪をかき上げるしぐさは、女性から見ても素敵だなぁと思うことはありますが、話している間中、毛先を触ったり、髪をかき上げたり、髪に触れていないときがないほど、始終髪に触っているのは考えものです。

CAは、サービス中、髪や顔を触るのはNGです。機内サービスでは食品を扱いますので、衛生上の問題から髪や顔を触ってはいけないという規定があります。

「髪を触ることは、不潔である」という認識をお持ちの方は少なくありません。お客様からいただくコメントの中にも、「ＣＡがサービス中、顔にかかる前髪を気にして、頻繁に手で触っていた。不潔だ」というお声があるほどです。

髪をタイトにまとめ、前髪が顔にかからないようなヘアスタイルがマニュアルで規定されているのには、そんな理由があるからです。

顔や髪を触ってはいけない理由は、それだけではありません。

髪を触るということは、深層心理的に、緊張している、退屈している、恐怖を抱いているなどの表れとも言われますが、会話中、顔や髪を頻繁に触る行為は、自信のなさの表れでもあります。顔や髪だけではありません。忙《せわ》しなく手を動かしたり、足を揺らしたりすることも同様です。

ＣＡはサービス要員であると同時に、保安要員でもあります。ＣＡが顔や髪を触っていると、衛生上清潔感が損なわれるだけでなく、自信なく見えてしまい、お客様を不安にさせてしまうのです。

これは女性に限ったことではありません。**男性もひげや顎回りをよく触るクセがある人、髪をかき上げるクセのある人を見かけます。**プライベートでは、素敵なしぐさとして映るかもしれませんが、ビジネスシーンにおいては、おすすめできません。

強いメンタルを持つビジネスパーソンは、多少自信がなくても、自信があるように振る舞うパフォーマンスもときには必要です。顔や髪に手をやらず、堂々とした立ち居振舞いは、相手にさわやかさと清潔感を与えるだけでなく、安心感と信頼感も与えるのです。

32 「承知いたしました」「ありがとうございます」という ひと言返信が、信頼の武器になる

SNSの発達で、人とコミュニケーションを取る手段が大きく変わりました。時間や手間をかけないで、手軽に人とコンタクトを取ることが可能になり、どんなに離れていても、どこにいてもすぐにつながる便利な社会になりました。利便性が高まると、それが当たり前になり、少し不具合が生じても、途端にすべてが機能しなくなるほど、SNSはなくてはならないツールになっています。

今では、ユーチューバーが小学生のなりたい職業の上位に入り、アメリカでは9歳の男の子が、ユーチューブで年間30億円を稼ぎ出す時代です。デジタルコミュニケーションは、ものすご

いスピードで発展し、コミュニケーションの主流になってきました。これからもこの流れは、ますます加速していくでしょう。

SNSがコミュニケーションの主流になっても、それはあくまでもツールとしての役割にすぎません。

情報を発信するのも、受信するのも、「人」です。

ツールが高性能で、情報が過剰に盛られて発信されると、向こうにいる「人」の存在を忘れがちです。「いいね」欲しさや、再生回数欲しさに、度を超えた、犯罪や犯罪に近いことで悪目立ちする発信が後を絶ちません。

自分を主張するばかりの発信ではなく、それを見た人がどう思うか、画面の向こうにいる見えない相手の気持ちを推し量る配慮が必要です。

ビジネスにおいての発信も同様です。ビジネスでは、プライベート以上に発信への責任が問われます。

例えば、ビジネスメールです。コロナ禍で、自宅勤務が増える中、オンラインでのやり取りも増えてきましたが、まだまだメールでの連絡が主流です。ビジネスマナー研修では、ビジネスメールの書き方も教えるのですが、メールの書き方やルール、マナーなど発信する側の基本も大切ですが、受信者としての振舞いも問われているのです。

メールの内容、やり取りの頻度、相手との関係性によって、変わってきますので、一概には言えませんが、メールを受信したあと、どう行動するかが重要です。メールを発信した側は、相手がメールを受け取り、きちんと読んでもらえたか、それに対する反応はどうか、を気にするものです。重要なポジションにいるエグゼクティブほど、受け取るメールの数も多いもの。返信がないと、もしかしたら他のメールに埋もれて、見逃されたのではないかなどと気をもむこともあります。相手の開封を知らせる便利な機能もありますが、ほんのひと言返信することで、「人」としての礼節が際立ちます。

「いちいち返信なんかいらないよ」という人以外には、**「ありがとうございました」「承知いたしました」のひと言返信が、相手を心配させない「思いやり」**であり、デジタル社会で他者と差別化できる最強の「ひと言」になります。

相手への返信の内容が複雑で、**すぐには返信できないときでも、「承りました。明日、お返事いたします。」と「ひと言」返信しておく**だけで、相手のあなたへの信頼感は増します。

33

日常の「小さなありがとう」に人格が表れる

私が外資系の保険会社で保険営業をしていた頃、同僚が大きな法人契約を預かってきたことがありました。ご存じのように、保険営業は契約内容によってコミッションが発生し、それが収入に反映します。高額の契約を預かれば、当然収入も跳ね上がります。

その同僚の大きな法人契約が決まったときに同行していた私は、同僚が契約者の社長に、深々と頭を下げて「ありがとうございます」を繰り返し、何度も何度も握手をし、全身で感謝の気持ちを表していた姿を目のあたりにしました。同僚が大きな成果を上げたことはとても喜ばしいことなのですが、私には違和感がありました。

なぜならその同僚は、日頃仲間に何かしてもらっても、「ありがとう」を言わないのです。ありがとうの気持ちはあるのでしょうが、せいぜい「どうも」と言うくらいです。

人は、何かをしてもらったとき、それが予想以上に嬉しいことであったり、驚くことであったり、自分にとって大きなメリットがあったりすると、心からの感謝を表します。そういうときは、必ず相手の目を見て、キチンと「ありがとうございます」と言葉にして伝えるはずです。

ではは日常的に起こる、小さな「ありがとう」に対してはどうでしょうか。

小さな「ありがとう」とは、例えば、手が届かないところの物を取ってもらったり、代わりにコピーを取ってもらったりなど、日常で何かをやってもらったときに返す小さなお礼の気持ちです。小さな「ありがとう」は、人にお願いしたことへのお礼だけでなく、自分も見返りを求めずに行っている日常の行いですので、改めて感謝の気持ちを表すほどではないと思っている人もいるかもしれません。

でもこの日常の何気ない小さな「ありがとう」こそが、あなたの人格を如実に表します。

大型契約を取った同僚に感じた違和感は、大きな感謝と小さな感謝の表し方のギャップにありました。**大きな感謝を表すときの「ありがとうございます」は誰でもできるでしょうが、小さな「ありがとう」をいい加減にしない人こそが、人から慕われ、信頼されるビジネスパーソンです。**

そして、人望のあるビジネスパーソンの「**ありがとう」は、相手の目を見て笑顔で伝えることがセット**になっています。たとえ小さなことでも、人にしてもらったことに「ありがとう」を「目」と「言葉」で伝えることです。

気持ちがあっても、言葉にしないと相手には伝わりません。そして、言葉に出したとしても、同時に視線も送らないと、相手は口先だけの「ありがとう」だと受け取るのです。

小さな感謝ほど、「どうも」ですませてはいけません。相手が誰であれ、「ありがとう」は、相手の目を見て、言葉に出して、笑顔を添えて伝えるものです。感謝の度合いで変えるものではないのです。

34 「芯のある控えめを演出」すれば、自分を守ることができる

日本人は、「謙虚な振舞い」に美徳を感じます。控えめで慎《つつ》ましやかな態度は、礼儀正しい振舞いとして評価されます。

能力が高く、実績のある人が、自分の地位や実力におごることなく、へりくだった態度を取ることは、ビジネスパーソンとしても、人間的にも尊敬されるのですが、度を超えた謙虚さは逆効果になることがあります。

謙虚なあまり、「私なんて……」を繰り返し、必要以上にへりくだってしまうと、自信のなさを印象付け、能力がない人と判断されてしまいます。そうなってしまうと、「謙虚な人」ではな

く、「卑屈な人」です。

「謙虚な人」と「卑屈な人」では、天と地ほどの差があります。どちらに転ぶかは、パフォーマンス次第です。

パフォーマンスと聞くと、人目を引く行為としてネガティブな印象を持つ人がいるのですが、ビジネスにおけるパフォーマンスとは、本来「仕事ぶり」や「能力」「業績」を意味します。

ビジネスパーソンとしてのパフォーマンス力は、必要不可欠な要素です。**ただ控えめというのではなく、堂々と「芯のある控えめ」を演出することが仕事上では必要です。**

例えば、謝罪をするような場面。

最近のビジネスシーンでは、安易に非を認めることを嫌う傾向にあります。そのため、真摯に謝罪しなければいけない状況においても、素直に頭を下げず、自分を正当化したり、言い訳を繰り返す人が多いのです。

また、ときには人の失態の責任を取らなければいけないような理不尽な状況も、ビジネスでは起こり得ることです。管理職になれば、部下の失敗は上司の責任です。そのような場合でも、謙虚な人は、「芯のある行動」ができるものです。

そして、**謝罪において一番試されることは、部下や年下など立場が下の人に自ら頭を下げることができるかどうかです。**むやみやたらと謝罪する必要はありませんが、頭を下げるべきときには、自らすすんできちんと頭を下げることです。

「芯のある控えめ」とは、ブレることなく、謙虚であることです。自分の才能をひけらかすことなく、相手を尊重し、卑屈になることなく、自分に誇りを持つ姿勢は、ビジネスパーソンとして最高にカッコいい姿です。

そんな日々のパフォーマンスが、一流のビジネスパーソンとして認められる礎となり、結果として、ポジションを押し上げていきます。

35 時計は「セカンドベスト」をチョイスすることで、信頼とモチベーションの安定をもたらす

「エグゼクティブは時計好き」と言われます。女性ファッション誌に限らず、男性誌でも頻繁に時計の特集が組まれ、時計にこだわりを持つ人の多さがうかがえます。

時計に執着のない私は、仕事以外では携帯電話を時計代わりにしていることが多く、最近は時計をしないで外出してしまうこともしばしばあります。

時計は、ファッションの一部であり、個性を演出するアイテムの一つでもありますが、ビジネスシーンでは、身だしなみの一部として捉えられ、つける時計には少し配慮が必要なアイテムでもあります。

時計に関して、今思うと恥ずかしい失敗談があります。

職業柄、ＣＡは外国でお買い物をする機会に恵まれています。私もフライトを始めて３～４年の頃、外国でショッピングすることが楽しくて仕方がない時期がありました。まだ日本では買えないような物や、高価で手が出ないような物が安価で手に入る環境です。お給料が増え始めたこともあって、パリでカルティエの時計を購入しました。20代前半にして初めての高価なお買い物です。自分へのご褒美の意味も込めて、大切にフライトの時にもその時計をして乗務していたのですが、ある日、お客様から痛烈な一言を言われてしまったのです。

「スチュワーデスさんはいいですね（当時はＣＡでなく、スチュワーデスと呼ばれていました）。お給料をいっぱいもらえて、いい時計も買えて……」

この言葉を聞いて、我に返りました。接客業は、お客様より高価で華美なものを身につけてはいけないこと、そして、時計は自分が思う以上に目立つアイテムだということを思い知らされました。高価かどうかの判断は、人によって異なります。20万円の時計を高価と思う人もいれば、100万円の時計を安いと思う人もいます。人によって異なる値段の価値感を基準にするのではなく、時計は「身だしなみの一部」という観点で、選ばないといけなかったのです。

一方で、カジュアル過ぎる時計もビジネスシーンには相応《ふさわ》しくありません。経営者と商談するときは、少し値がはる高級感ある時計をつけ、子育て中のお父さんには、値段も見た目もカジュアルな時計をつけて商談に臨みます。**トップクラスの保険の営業パーソンは、商談の相手によって時計を替えています。**

時計は、相手を選び、服装以上に配慮が必要なアイテムなのです。高価過ぎず、華美過ぎず、かつ安価過ぎず、カジュアル過ぎないことが求められます。相手の立場を考慮して選ばなければいけない難しいアイテムです。

基準とするのは、「セカンドベスト」であることです。自慢できる高価なお気に入りの一張羅ではなく、**少し控えめに、「二番目にいいもの」を選択する**という意識を持つことです。

ビジネスシーンで、整えなければいけないのは、「おしゃれ」ではなく、「身だしなみ」です。ビジネスで「ベスト」なアイテムを付けるとき、少しでも「どうかなぁ」と思ったら、迷わず「セカンドベスト」を選びましょう。その控えめな選択が、TPOをわきまえたビジネスパーソンとして、あなたに対する印象をより良くします。

36 オフィスカジュアルでも、ジャケットは手放さない

最近は、オフィスでの服装スタイルも大きく変わってきました。

2005年、当時環境大臣であった小池百合子東京都知事が提唱したクールビズ。地球温暖化防止の取り組みとして始まりましたが、今やビジネスパーソンの夏のドレスコードとして、多くの企業に取り入れられるようになりました。

これをきっかけに、職場の服装がカジュアルで自由度の高い装いに変わってきました。ビジネスパーソンの制服ともいえる「スーツにネクタイ」という定番が崩れ、今や国会でも首相や大臣がノーネクタイで討論している時代です。いままでのビジネスアタイア、つまり「仕事服とはこうあるべき」という概念も崩れてきています。

ビジネスマナーとしてのビジネスアタイアは、基本スーツです。当然スーツにはネクタイがセットになり、服装が完成します。業界によっては服装の規定に違いがあるものの、クールビズ期間以外は、基本的にスーツ着用という会社は多いのではないでしょうか。

ビジネスパーソンにとって、スーツは戦闘服です。スーツを着て、気持ちを仕事モードに切り替えているという人も多くいます。

航空会社を退社して保険会社に在籍していた頃、感じていたことがあります。

それは、**成績優秀な営業パーソンとそうでない営業パーソンは、服装が違う**ということです。着ているスーツの質ではなく、優秀な営業パーソンは、いかなるときでもきちんとしたスーツ姿でした。**クールビズ期間においても、お客様を訪問するときには、きちんとネクタイをして訪問**するのです。

クールビズ期間であっても、訪問先の社長がネクタイをしていたら、訪問する営業マンがノーネクタイでは失礼にあたるということを知っているからです。成功しているビジネスパーソンは、仕事服には手を抜かないものだと痛感しました。

CA時代にも同じような経験があります。**ファーストクラスにお乗りになるお客様は、ホノルルのような観光路線においても、必ずジャケットをお召し**です。プライベートなご旅行ですので、ビジネススーツのようなかしこまったジャケットではありませんが、カジュアルな装いでもジャケット姿でご搭乗されるのです。

ジャケットは、フォーマルなシーンでは当然のことながら、カジュアルなシーンにおいても万能アイテムです。ドレスコードが厳しい海外でも、ジャケットを着用していれば、ノーネクタイでも入店を許可されるレストランは多いのです。

エグゼクティブは、ジャケットを手放しません。クールビズでも、カジュアルな集まりでも、ジャケットがあれば、礼を欠くことはありません。

ジャケットは、手にしているだけで格が上がる、ビジネスパーソンの強い味方です。

37 第一印象を決める四つのポイント、すべてに手を抜かない

一流のビジネスパーソンは、「魅せ方」を心得ています。

自分の好みや個性を主張するのではなく、ビジネスパーソンとして見られることを前提にして、相手がどう思うか、相手に不快感を与えていないかを基準に、自分の身だしなみを整えています。

同時に、第一印象をとても大切にしています。第一印象で自分の評価が決まってしまうことを理解しているのです。どれだけ優秀で、仕事ができたとしても、ヨレヨレのスーツで、襟元の汚

れたシャツを着、猫背でとぼとぼ歩く無表情のビジネスパーソンには、この人から話を聞こうという気にはならないものです。話を聞いてもらえないだけでなく、最初に抱いた印象は、なかなか消えず、相手にいつまでも残ります。だらしない、不潔だという印象は、相手の脳裏に焼き付いてしまうのです。

ビジネスパーソンとして成功したいのであれば、まず第一印象を徹底的によくすることです。第一印象を良くするために、気を遣わなければいけないことが、**「身だしなみ」「姿勢」「表情」「TPOに基づいた洋服センス」**です。

控えめで、清潔感のある「身だしなみ」、背筋がまっすぐに伸びた「姿勢」、微笑みを絶やさない穏やかな「表情」、そして、TPOに相応しい「洋服センス」。

これらがすべて整っていれば、第一印象はクリアです。黙って立っているだけで、「この人は信頼できそうだ」と相手は思うはずです。

第一印象は、これらの要素の掛け算で総合点が決まります。**何かが100点満点でも、どれか一つでも0点があれば、総合点は0点です。**すべての要素が揃い、それを掛けあわせることで、はじめて好印象を与えられるのです。

二流のビジネスパーソンは、第一印象にあまりこだわりがありません。相手に不快感を与えない程度に整えていればいいと考えています。見た目よりも、中身だと考えているからです。先ほどの例まで酷くはないものの、第一印象が良くないと、相手が話を聞く気になれません。話を聞いてもらえないということは、中身を見てもらえず、門前払いされてしまうということです。

第一印象では、隙を作らないことです。見た目は簡単に整えられる分、気を抜くとその分簡単に崩れていくからです。

一流のビジネスパーソンは、第一印象を徹底的に磨き上げています。

「身だしなみ」「姿勢」「表情」「TPOに基づいた洋服センス」の一つたりとも手を抜かず、整えています。それが、一瞬で相手の信頼を勝ち取り、自分の中身を見てもらうための大きな第一歩になることを知っているのです。

38 メモこそが最強のコミュニケーション

最近は、何かメモを取りたいときは、携帯のメモ機能や、音声録音を利用する人が多いのではないでしょうか。サッと取り出せて、簡単にメモができるツールは本当に便利ですね。

ちょっとしたメモであれば携帯で十分なのですが、私はメモを取るときは、手帳にペンで手書きをします。思いのまま書きなぐるといった感じで、自由にスペースを使い、文字にも変化を付けて書いています。携帯に入力するよりも、記憶に残りやすい気がして、メモはいまだに手書きのアナログです。

私の知人にも、アナログの「メモ魔」がいます。携帯電話ほどの大きさのメモパッドをいつも持ち歩き、気がついたことがあれば、すぐにメモを取る。本人は、「備忘録」と言ってますが、あらゆることを書き留めているので、メモパッドは小さい文字でぎっしり埋め尽くされていますす。あとからどのように見直すのか興味のあるところですが、メモを取ることが習慣になっているようです。

実は、この「メモを取る」という行為はビジネスにおいて、最強の非言語コミュニケーションなのです。

例えば、上司に呼ばれたとき、みなさんはどのように上司の元へ向かいますか？「早く行かないと」と急いで上司の元へ向かうのはいいのですが、その時、手ぶらで向かってはいけません。どんなに急いでいたとしても、メモとペンを持って向かうことです。

なぜなら、**人の話を聞くときに、ペンを持ち、メモを取りながら聞く姿勢を見せると、相手は自分の話をちゃんと聞いてくれていると安心し、好感を持つ**のです。

メモを取りながら人の話を聞く態度は、「あなたの言うことを聞き漏らさずに、ちゃんと聞いています」という無言の意思表示です。それが相手に対する礼儀でもあり、相手に伝わる非言語コミュニケーションなのです。

チーフパーサー時代、**ファーストクラスで著名な経営者のお客様**と談笑していたとき、私の拙《つたな》い話に、**「今の話、ちょっとメモしていいですか？」**とご自身のペンとメモを取り出し、メモを取られたことがありました。私の話など何も参考になることはないと思うのですが、メモを取りながら話を聞いてくださる姿にとても感動したことを覚えています。

目上の者が目下の人の話を聞くときにメモを取る姿は、感動すら与えます。それくらい「メモを取る」という態度は、インパクトがあります。

一流のビジネスパーソンは、常にＭＹペンとＭＹメモを持っています。いつでも、どこでも、そして相手が誰であれ、気になることがあれば書き留めます。携帯では代用が利かないアナログな世界ですが、デジタル社会だからこそ、目の前にいる相手を尊重する非言語コミュニケーションが活《い》きてくるのです。

「メモを取る」という些細なことですが、相手に与える小さな感動が、あなたの信頼を作ります。成功するビジネスパーソンには、ＭＹペンとＭＹメモはなくてはならない必需品です。

39

エグゼクティブは「名前を呼ぶ」ことで人を惹きつける

航空機のサービスに、「by Name」という概念があります。これは、お客様を名前でお呼びするというもので、ファーストクラスとビジネスクラスにお座りのお客様と、ご搭乗実績の多いリピーターのお客様を対象に、話しかけるときはお名前で呼ぶという暗黙の取り決めです。

「お客様」と呼びかけるのではなく、「○○様」とお呼びすることで、「あなたは特別な存在で、大切にしています」という感謝の気持ちを表しています。ホテルやレストランなども、高級であればあるほど、お客様を名前で呼ぶところが多いですね。

人にもよるのですが、名前で呼ばれることにステイタスを感じる人は少なくありません。名前で呼ばれることに抵抗を感じる方も一定数いらっしゃるのですが、多くの方は特別感を感じるものです。

日本の会社組織では、役職が重視され、名前で呼ぶよりも役職で呼ぶ風習がいまだに残されています。「○○さん」と名前で呼ぶ代わりに、「部長」や「社長」と呼ぶのです。大統領ですらファーストネームで呼ばれる諸外国から見ると、不思議な風習なのかもしれません。

名前は「個」の象徴です。基本的に、名刺交換の習慣がない外国人は、初対面で挨拶した後は、相手の名前を忘れません。すぐにファーストネームで呼び合い、親交を深めます。日本では、名刺交換した直後でも、相手の名前をきちんと覚えているか確かではない人が多くいます。普段、名前を意識することが少ない日本だからこそ、名前を呼ばれることには特別感を感じるのかもしれません。

ビジネスシーンで名前で呼ばれ慣れているエグゼクティブは、「名前で呼ぶ」ということを、極めてスマートにやってのけます。

CAは制服にネームバッジをつけています。当然お客様は、担当するCAの名前を知ることができるのですが、「山本さん」と名前で声をかけられた記憶があまりありません。エコノミークラスやビジネスクラスで呼び止められるときの多くは、大抵「CAさん」か「チーフ」です。

そんな中、**ファーストクラスのお客様は少し違います。何か用事があるときは、「山本さん」、と名前を呼ぶ方が多い**のです。「CAさん」でも「チーフ」でもなく、「山本さん」です。「名前を呼ぶ」ということは、相手への敬意の表れです。相手の「個」としての存在を認め、尊重することは、最大の礼儀なのです。

日常生活にも、「名前を呼ぶ」シーンは、いくらでもあります。**まずは、レストランで店員さ**

んのネームバッジを見て、名前で呼びかけてみてください。最初は驚かれるかもしれませんが、きっと笑顔が返ってくるはずです。

ビジネスパーソンとしてスマートな振舞いは、相手を名前で呼ぶことです。簡単なようで、実は見落としがちな「by Name」。人を惹きつける力は絶大です。

40

超一流は、口約束や社交辞令で終わらせない

チーフパーサーの頃、ファーストクラスでご一緒した一部上場企業の社長から、会社に私宛の手紙が届いたことがあります。フライト中、サービスの話や経営の話、趣味の話まで様々な話題で会話が弾み、楽しくお話しさせていただいたお客様です。そのお客様は、成田到着後、「またご一緒しましょう」と言って降機されました。

ここまでは、よくある話です。また機会があればご一緒したいけれど、次の約束をしたわけではありません。「またご連絡します」、「またお会いしましょう」というやり取りは、一般的によ

く使われるいわゆる社交辞令です。機内では、基本的には個人的な連絡先は交換しません（電撃的な恋に落ちた場合は別ですが……笑）。当然、このお客様にも連絡先はお伝えしませんでしたので、飛行機を降りた後に私と連絡を取りようがありません。しかし、この社長は、会社に手紙を下さったのです。

そこには、機内でお世話になった御礼が綴《つづ》られ、最後に、「先日のフライトで、またご連絡します、とお約束しましたので、お手紙を差し上げました」と連絡先が書かれていたのです。

お客様とフライト中に話をすることは珍しいことではありませんし、プライベートな話題で会話が盛り上がることも多々あります。でもほとんどの場合、フライト中だけの会話にとどまり、「またお会いしましょう」は、社交辞令で終わります。

このお客様は、普通社交辞令で終わらせることを、わざわざ時間を使って手紙を書き、口約束で終わらせなかったのです。お手紙をいただいたときは、本当に驚きました。フライト中、その場で連絡先を渡すこともできたはずです。しかし、それをなさらず、後日会社を通して書面で連絡をくださることは、なかなかできることではありません。

ちなみに、このお客様には、後日一緒にファーストクラスを担当した部下を連れて、会社にお邪魔し、社長室で美味《おい》しいお茶とお菓子をご馳走《ちそう》になりました。

ビジネスにおいて、社交辞令はつきものです。あまり深い関わりのない相手とコミュニケーションを取る際には、社交辞令が潤滑油になることもあります。友達同士でも、「近いうちにまた会おうね」と言って、再会が1年後、2年後になった、なんて話はよくあることです。これもある種の社交辞令。人間関係を円滑にするためには、不可欠なのです。

だからと言って、社交辞令ばかりを並べたてるコミュニケーションは考えものです。**一流と呼ばれるビジネスパーソンは、自分の言葉に責任を持っています。初めからできない口約束はしないのです。社交辞令も同じです。**

口約束や社交辞令に終わらせず、**相手が忘れているような小さな約束でも有言実行する姿勢が、人を驚かせ、感動させます。**相手に礼を尽くす姿勢が、人々の信頼を得、揺るがない自信となり、強いメンタルが育っていきます。

41 超一流は、「After you」を徹底する

外国に行くと、頻繁に耳にする言葉があります。

それは、「After you」という言葉です。

エレベーターに乗り合わせた人が、同じ階で同時に降りるようなときに、「私はあなたのあとでいいですよ。お先にどうぞ」という意味で使われる言葉です。

海外では、エレベーターを降りるときだけでなく、電車に乗るときやスーパーのレジで同じタイミングで順番待ちが重なったようなときなど、「After you」「お先にどうぞ」と相手に先を譲るシーンによく遭遇します。我先にと、人を押しのけてエレベーターを降りる人など、見たことがありません。

残念ながら、日本では人を突き飛ばす勢いで道を行く人や、狭い通路で行き違う際に、相手より先に通り過ぎようとする人が多いのが現状です。

ＣＡ時代、ニューヨーク線のビジネスクラスを担当したときのことです。

ビジネスクラスは、ファーストクラスと比べると通路も狭く、ミールサービス中は食事の入ったカートで通路をふさぐため、途中席を立ったお客様は、通路を通ることができません。

ＣＡはそのたびにカートを移動させ、お客様を先にお通しするのですが、あるエグゼクティブは、座席の間に入り、ＣＡである私を先に通そうとしてくださいました。相手はお客様です。当然ＣＡがお客様を優先させ、お客様の多くもそれに従うのですが、そのお客様は違っていました。お客様であるにもかかわらず、「After you」だったのです。

そして、私に対してだけでなく、ほかのお客様や誰に対しても、機内の狭い通路を歩く際には、相手に先を譲っていらっしゃいました。

多くのエグゼクティブに接しているCAは、エグゼクティブの振舞いには敏感です。些細なちょっとした振舞いから、「この人は、違う！」と感じとるものです。

予想通り、このお客様は、フライト中も群を抜いて目立つ存在でした。飲み物を頼むときの言葉遣いや、「ありがとう」を言うときの目線合わせと笑顔など、謙虚で丁寧な紳士的振舞いが徹底されていたのです。

「お先にどうぞ」という行為は、気持ちに余裕がないとできません。**先を譲ったり、道を譲ったり、「譲る」という、ほんの数秒の行為で相手の気持ちが和らぎ、その場の空気が温かく変わります。**

一流のビジネスパーソンは、自分のことより、相手のことを優先して考えられる、気持ちに余裕のある人です。

どんなに急いでいても、「After you」と相手に先を譲ることで、相手に与える印象が変わり、あなた自身の評価も変わります。**先に行くか、後に行くかのほんの数秒の差が、一流と二流をわける大きな差になります。**

42

ファーストクラスのお客様ほど「スポットカンバセーション」が面白い

みなさんは、「スポットカンバセーション」という言葉を聞いたことがありますか？

これは、CAの業界でよく使われる言葉で、**「短い会話」**を意味します。例えば、朝、挨拶するときに、「おはようございます」で終わってしまうと、相手も「おはようございます」で会話が終了してしまいます。これを、「おはようございます。今日はいいお天気ですね」と投げかけると、「そうですね。ずいぶん暖かくなりましたね……」というように、ちょっとした会話が続いていきます。

このように相手とのコミュニケーションを取るときのきっかけになるのが、「スポットカンバセーション」です。

CAは、離着陸時、各ドアに設置されているジャンプシートと言われる乗務員席に座ります。降下態勢に入り着陸するまで、10分ほどジャンプシートに座った状態です。その間、目の前に座るお客様と向き合うことになるのですが、無言で向き合っているのは、お互い気まずいものです。そこで、「スポットカンバセーション」の出番となるのです。

「ご旅行ですか？　○○地方はいいお天気が続くようですよ」と一言声をかけると、張りつめていた空気が徐々に和らいできます。お客様も、「そうなんです。休みが取れたので、久しぶりの旅行なんです。○○地方は初めてで……」などと会話が弾んでいくのです。

余談ですが、このジャンプシート前の座席は、空の旅の達人には人気の座席です。脚が伸ばせて、CAと会話ができる座席は、外資系の航空会社などは、追加料金がかかるところがあるくらいです。

「スポットカンバセーション」は、お客様とコミュニケーションを取る手段として、とても有効です。普段はCAから話しかけることが多いのですが、ファーストクラスでは、お客様から話しかけられることも多いのです。何気ない世間話から、話題が展開していきます。

ビジネスは、すべてが「会話」から始まります。とはいえ、最初から最後まで仕事の話だけでは、相手との信頼関係も築けません。

ビジネスの成功には、この「スポットカンバセーション」、すなわち「雑談」が欠かせないのです。**ファーストクラスのエグゼクティブは、普段から「雑談」の大切さを理解している**のかもしれません。そして**何より話題が豊富で面白い**のです。時候の挨拶から時事ネタ、スポーツネタ、お笑いネタ、グルメに至るまで幅広く、自然に、相手の反応に合わせて、「雑談」が進んでいきます。

「スポットカンバセーション」には、知性と教養が不可欠です。自分の専門外のことをどれだけ知っているかが勝負です。一目置かれるビジネスパーソンは、好奇心旺盛に日々「雑学」を学んでいるのです。

43 一流は「わざと知らないふり」で人とチャンスを引き寄せる

世の中には、博学と言われる物知りな人がいます。

みなさんの周りにも、一人や二人はいらっしゃるのではないでしょうか？

いつ、何を聞いても、なんでも答えてくれる人。向学心が旺盛で、専門的な知識だけでなく、「なんでそんなことまで知っているの？」と感心するような博識な人。どんな頭の構造になっているのか、頭の中を覗《のぞ》かせてもらいたいほど、尊敬する存在です。

そういう人は、周りから「頭のいい人」として一目置かれることはあるかもしれませんが、

「一流」と呼ばれるかどうかは、別問題です。

昔から、「能ある鷹《たか》は爪を隠す」と言われるように、**一流のビジネスパーソンは、知識をひけらかすことは絶対にありません。知っていても、「わざと知らないふり」をしていることのほうが多い**のです。

人は、知っていることを披露したいという欲求があります。他者から尊敬されたい、認められたいという「承認欲求」が働くのです。自分だけが知っているような情報や知識がある場合は、披露したいという気持ちが強くなっても不思議ではありません。

「承認欲求」が人間の本質の一つとは言え、欲求そのままに表現するのは、スマートではありません。「知っているのにわざと知らないふり」というと、戦略的すぎて、かえって嫌らしいと思われるかもしれませんが、決してそうではありません。なぜなら、そこには相手に対する配慮があるからです。一流のビジネスパーソンは、相手を持ち上げるのではなく、自分がへりくだることで、相手を上に見せるということを知っているのです。

ニューヨーク便に、ニューヨークヤンキースで活躍されていた松井秀喜選手がご搭乗になったことがあります。当時、松井選手はニューヨークにお住まいで、当然CAよりもニューヨーク通でいらっしゃるはずなのですが、それを一切感じさせず、何かあるごとに、「それ、何ですか?」とか、「山本さんおすすめのレストランに今度行ってみます」とCAに花を持たせてくださるのです。

誰もが認める一流のビジネスパーソンが、知っていることでも、知らないふりをすることで、周りは親近感を覚えます。さらに、謙虚にへりくだることのできる人は、「なにそれ？　教えて」と素直に相手の懐に飛び込みます。松井選手のように、周りがみんなファンになり、自然と人が集まります。人が集まると、チャンスも一緒に運ばれてくるのです。

44

「で」と「が」と、「も」と「は」を繊細に使い分ける

ビジネスパーソンの中でも、敬語には自信がないと答える人は少なくありません。日本語は、世界の言語の中でも難しい言語の一つです。ビジネスマナー研修でも、言葉遣いや正しい敬語の使い方を教えるのですが、母国語であるにもかかわらず、正しい敬語の使い方がわからないと戸惑う人が多いのも現状です。

アナウンサーでさえも、漢字を読み間違えたり、おかしなイントネーションで話すことがある

時代です。言葉のプロがそうであるなら、一般のビジネスパーソンが、日本語を難しいと考えるのは無理もないのかもしれません。

言葉遣いには、品位が出ます。正しい敬語を話すことは、それだけで信頼され、品格を感じさせるものです。

では、正しい敬語を使うことができれば、品位が手に入るかと言えば、実はそうではありません。慇懃無礼と言われるように、言葉遣いが正しく丁寧でも、かえって嫌みで無礼に思われてしまうことがあります。それでは正しい敬語が使えても、全く意味がありません。

言葉遣いは、生き物です。同じ言葉を使っても、話す人によって、伝わり方が異なります。相手や物事に対する「心構え」が言葉に表れるのです。相手への配慮や思いやりの気持ちがあってこそ、正しい敬語が活きてきます。

それが、無意識のうちに表れているのが、助詞の使い方です。

機内のミールサービス時、「和食と洋食がございます。どちらがよろしいですか?」とお食事のチョイスを伺うのですが、返ってくる言葉は、**「和食でいい」**とか、「和食で」がほとんどです。そういう方は、食後も、「コーヒーで」です。ここで使う「で」という助詞は、消極的な印象を与えます。これを**「和食がいいです」「和食をお願いします」**に変えるだけで、言葉の印象が大きく変わります。「で」と「が」の違いは大きいのです。

さらに、例えば何かのイベントの参加を伺うような場合、**「山本さんも行く？」**と、**「山本さんは行く？」**でも違いがあります。前者は何か付けたしで誘われている感じがしますが、後者はきちんと確認してくれている印象を受けます。

助詞は、それだけでは意味を持たないたった一語の単語にすぎませんが、ときに、印象を左右するほどの大きな力を発揮します。言葉はあなたの人格そのものを映し出します。普段何気なく使っている、「で」と「が」と、「も」と「は」を使い分けるだけで、ワンランク上の会話に変わります。

45 相手への尊重の上に成り立つのが、超一流の「こだわり」

人にはそれぞれ「こだわり」があります。

私は、「靴下をはくとき、スカートをはくとき、靴をはくときなどは左足からはく」という「こだわり」があります。特に意味はないのですが、長年そうしてきたことから、やらないと気持ちが悪いというだけの「ゲン担ぎ」のようなものです。

私の場合、「絶対こうでないといけない！」という強いこだわりはないのですが、エグゼクティブと呼ばれる人は、強い「こだわり」を持つ人が多いように思います。

例えば、機内での過ごし方です。ファーストクラスのサービスは、基本のサービスはあるものの、到着までお客様がどのようにお過ごしになりたいかのご希望に合わせ、おもてなしします。

ニューヨーク便の飛行時間は、行きは12時間半、冬場の帰りなどは14時間かかることもある長距離フライトです。半日以上の時間を機内で過ごすわけですから、それぞれフライトプランをお持ちです。

お食事を一切召し上がらず、マスク、耳栓、アイマスクをつけ、頭の上からつま先まですっぽりと毛布をかぶり、お休みになるお客様や、ゆっくりお酒とお食事を楽しみながら、到着ギリギリまで映画を鑑賞されるお客様、睡眠をとらず、フライト中読書を続けるお客様など、様々な「こだわり」のお過ごし方があります。

CAは、機内でのお過ごし方をお一人おひとりに伺い、ご要望に沿って個別のサービスを行うのですが、中には、「こだわり」が強すぎて、細かくご要望を出される場合があります。

「ゆっくり眠りたいから、ここの通路を通らないで」とご要望されたお客様がいらっしゃいました。お客様にゆっくりとお休みいただきたいのはやまやまなのですが、通路を通らなければ、ほかのお客様にサービスができません。丁重に状況を説明し、ご了承いただけたのですが、これは、「こだわり」の域を超えたわがままです。

「こだわり」を持ち、それを信念として、行動することは素晴らしいことです。

でも、その「こだわり」を優先するあまり、人に押し付けたり、人に迷惑をかけるようなことがあってはいけません。**「こだわり」が相手に「わがまま」と思われてしまった時点で、ビジネスパーソンとしての信頼は失われます。**

一流のビジネスパーソンは、自分の「こだわり」を大切にすると同時に、相手を慮《おもんぱか》り、相手を尊重する余裕がある人です。

46 食後のお皿の状態が「ステイタス」を物語る

生きていく上で欠かせない食事。

飽食の時代で、1日3度という食事の概念も変わってきました。空腹になれば、手軽にお腹を満たしてくれる食べ物がすぐに手に入り、「食事を楽しむ」という概念も薄れてきたように思います。

食いしん坊の私は、1日3度、食事を欠かすことはありません。何はともあれ食事が大事。美味しいものを美味しくいただくことは、人生の楽しみです。テーブルを整え、食器にこだわり、食事を共にする人達と楽しく過ごす時間は、人生を豊かにしてくれます。

次々と新しい食材や、それを使ったお料理が世の中に現れ、予約の取れないレストランがあるほど、「食」に対する人間の追求は、いつの時代でも変わらないのかもしれません。

空の旅の楽しみと言えば、食事サービスです。お客様にお食事を楽しんでいただくために、航空会社も機内食に工夫をこらし、メニューやお酒の選定には力を入れています。

特にファーストクラスは、厳選された食材とこだわり抜いたお料理が並ぶ、空飛ぶレストランです。地上でシェフが心を込めて作ったお料理を、機内でCAが温め、軽く手を加えて盛り付けます。

温度に気を配り、美味しそうに見えるよう美しく盛り付け、ベストな状態でお食事をお出しするのはCAの腕の見せ所です。食通の多いファーストクラスのお客様に、ご満足いただくお食事をお出しするのは、緊張するものです。

そして、ご満足いただけたかどうかの結果が、食後のお皿の状態に表れます。すべて残さずお召し上がりになったときは、私達も安堵《あんど》し、嬉しい瞬間です。

食事の仕方には、人柄が出るといわれます。食事の作法が美しい人は、人に対する配慮が垣間《かいま》見《み》え、上品に見えます。

食事の作法も重要ですが、**礼節は「食後のお皿の状態」に表れます。**いただけるものは、すべて残さずいただくことが最高の礼儀です。**付け合わせの飾りなどは隅によせ、カトラリーも整えて置かれていると、品位を感じるものです。**

ファーストクラスのお客様すべてが上品な方ばかりではありません。下げるのに戸惑うようなお皿の状態で食事を終える人もいます。

「食後のお皿の状態」は、食べ物への感謝と、サービスする人への配慮を表しています。美しく盛り付けられたお料理を、美しく食べ、美しい状態で終えることができる人は、周りへの配慮ができ、一目置かれる礼儀正しい人です。

「食後のお皿の状態」があなたのステイタスを物語っていることをお忘れなく。

第3章

心と体、一流のコンディショニング法

一流のビジネスパーソンは、心も体も健康な状態を保っています。どちらが欠けても、仕事で最高のパフォーマンスは発揮できません。

心と体が強靭《きょうじん》でないと務まらないのは、CAの世界も同じです。フライト業務はオフィス業務と違い、体力が求められる仕事です。睡眠不足であろうが、疲れが溜《た》まっていようが、常に笑顔を絶やさず、お客様にグッドサービスを提供しなければいけません。

体の不調を抱えていては、よいサービスができないだけでなく、昼夜が逆転した生活環境と、気圧が低く、極度に乾燥する機内の過酷な環境では体調を崩してしまうこともあります。

そして職業病ともいえる腰痛にも注意が必要です。筋力が衰えたり、無理な体勢で仕事をすると、腰に大きな負担がかかります。基礎体力をつけ、常に体調を万全に管理することはプロとしての必須条件なのです。

体のコンディションを整えることと同時に、「心のケア」も重要です。人間関係のストレスやお客様からの理不尽なクレームに対して、気持ちを折ることなく、常にフラットなマインドでいることが求められます。

CAに限らず、**すべてのビジネスパーソンは、心と体をバランスよく健康に**

保ち、仕事の生産性と効率を上げることが必要です。そのために、スポーツジムに通ったり、ランニングをしたり、自分なりの健康法で体力増進に努めている人も多いのではないでしょうか。

定期的に続けることができるといいのですが、忙しい毎日ではスポーツジムに通うことすら億劫《おっくう》になってしまうものです。

この章では、**心と体のコンディションをベストに保つために、普段の生活で簡単に取り入れられる方法**をご紹介します。

ジムに行って汗を流すのも良いですが、日常の生活習慣に少し工夫を加えるだけで、心と体の健康を維持できる方法があります。

毎日のほんのちょっとの積み重ねで、気軽に、楽して、心と体を健康にしましょう。

ＣＡ流・心と体のコンディショニング法、ぜひ試してみてください。

47

「美味しい食事」を大切にする

生命を維持するために欠かせない食事。毎日欠かせないことですから、疎《おろそ》かにしていると健康を害する要因にもなります。健康のためには、暴飲暴食を避けて、食べる量も腹八分目、決められた時間に規則正しくとり、栄養のバランスも考える。

頭ではわかっていても、いざ実行するとなるとなかなかストイックにはできないものです。美味《おい》しいものは往々にして身体に悪く、ストレスは食で解消するのが手っ取り早いことから、食事には健康を害する多くの誘惑が隠れていますね。

CAの仕事は、肉体労働です。優雅にサービスする姿からは想像できないかもしれませんが、乾燥が激しく気圧の低い飛行機の中で、昼夜を問わず寝不足を隠して笑顔を振りまき、地に足がつかない不安定な気流の中、食事の入った重いカートを引く仕事は、想像以上に体力を使います。フライト後は、足がむくみ、腰や肩に疲労を感じ、ベッドに倒れこむこともあるほどです。そんな過酷な労働環境を笑顔で乗り切るには、食事が重要な要素になります。

国際線は時差の関係で、本来なら寝ているはずの時間に、起きて仕事をしていることが多く、活動量に応じてお腹も空《す》きます。気がつくと、1日5食食べているということも珍しくはありません。体力維持のために必要なカロリー摂取なのかもしれませんね。

そしてCAにとっての食事は、ただ空腹を満たすためのものではありません。不測の事態に対する「備え」でもあるのです。CAはフライト前には必ず食事をとります。空腹でフライトすることはまずありません。なぜなら、機内サービスに時間がかかると、いつ食事がとれるかわからないということと、万が一緊急事態が起こった場合には、空腹では体力が持たず、保安要員としての責務を果たせなくなるからです。

食いしん坊だから1日5食なのではなく、「食べる」ことはCAにとって仕事の一部でもあるのです。自分の健康のためはもちろんのことですが、実は、万が一の事態にお客様の命を守るための「備え」の役割もあるのです。

そんな意味を持つ食事ですから、当然大切に考えます。次にいつ食事ができるかわからないという危機感がいつもありますから、食事のできる環境と美味しい食事に、最大限感謝します。大げさに聞こえるかもしれませんが、**食事の大切さは新人の頃から教え込まれます。**だからCAにはグルメが多いのかもしれません。食の大切さを知っているので、素材や調理法にもこだわりと感謝の気持ちを持つことができるのです。

どんな仕事であれ、食事はすべての活動の源になります。良い食事をとることで、良い仕事もできるようになるのです。フードロスが叫ばれる現代社会で、食べ物への感謝と食事の大切さを忘れないでいたいものです。

48 旬のワクワクするものを食べる

CAの職場は、地上1万メートルの空の上。

飛行機はマッハ0・8の速度で巡航しています。マッハとは、音速に対する速度のこと。温度によって変化しますが、マッハ0・8というのは、音速の0・8倍の速度。これは時速になおすと、時速800から900キロメートルのスピードです。実用化に向けて開発中の超電導リニアの速度が時速500キロメートルということですので、それをはるかに上回るスピードですね。

そして、高度1万メートルの世界は、空気も薄く、気圧を調整しないと生きていけない空間です。客室内の気圧は、地上よりも低く、約０・８気圧程度に調整されています。これは、標高２０００メートルの山に登っている状態と同じ環境です。

みなさんも飛行機に乗ると、耳が痛くなった経験があるのではないでしょうか。高層ビルをエレベーターで昇るとき、耳がツーンと痛くなるように、気圧の変化は身体にも影響を及ぼします。地上の遥か上空を猛スピードで移動する金属の塊の中がＣＡの職場なのです。

このように、飛行機の客室はとても過酷な職場環境です。その中で、日々笑顔で元気に働くためには、「健康」であることが必須条件になります。離着陸のたびに、耳が痛いなんて言っていては、ＣＡは務まりません。

健康であるために大切なことは、なんといっても「食事」です。毎日欠かすことのできない食事ですが、同じ「食べる」でも、気分が高揚し、パフォーマンスの上がる「食べ方」には、ＣＡが実践している三つの法則があります。

まず**一つ目の法則は、「旬を大切にする」**ことです。旬の食べ物は、美味しいだけでなく、栄養素も豊富に含まれています。最近は果物でも通年出回っているものが多いのですが、「今の時季にしか食べられない」という旬のものをいただくことです。

二つ目は、「腹十分食べたら、すぐに座らず脳・心・体をフルスロットルで動かす」ことです。

フライト中のＣＡの食事は、お客様のミールサービスが終了し、免税品販売やその他諸々《もろもろ》の雑務が終わってからいただきます。このため、ニューヨークなどのロングフライトでは飛行機が離陸して、4〜5時間後にようやく食事ということもざらにあるのです。空腹でフラフラになっているところで、しっかり食事をとります。普通だと食後はしばらくゆっくりするのが良しとされますが、即、業務再開です。摂取したエネルギーを即パワーに変えるのがCA流です。

三つ目は、「栄養のバランス以上に、ワクワクするものを食べる」ことです。これはCAの特権でもありますが、国内外問わず、地元でしかいただけないような食材やお料理を食べることです。ただ空腹を満たすためだけではなく、心が満たされる食事を楽しくワクワクしながらいただくことは、仕事のパフォーマンスと健康維持に大いに役立つ重要な要素です。

49

ご褒美の「暴飲暴食」は許してあげる

健康志向が高まる現代社会では、暴飲暴食は「悪」と捉えられます。欲望に任せて飲食することは、自制心がなく、自分を律することができない人間に分類されてしまう傾向にあるようです。そのような食生活を続けていると、生活習慣病にかかるリスクも増え、人生を台無しにする可能性も高まります。

欧米では、セルフコントロールができない人はビジネスで成功できないとされ、エグゼクティブなビジネスパーソンは肥満に対して厳しい目を持っています。

ストレスフルな社会で、上手くストレスと付き合い、適度にストレスを解消しながら、自己管理することは、今やできるビジネスパーソンの必須条件ですね。

ストレスを解消する方法は、人によって様々です。仕事の後の一杯がストレス解消という人もいれば、ジムで汗を流すことがストレス解消法という人もいます。ＣＡの中にはお酒好きやグルメも多く、フライト後の一杯のために、頑張って仕事をしているという人もいます。海外ステイでは、ガイドにも載っていないような、日本人観光客が行かない地元のレストランで美味しいお料理をいただくことを楽しみにしているＣＡも多いです。

多くの人が「食事」をストレス解消の手段にしています。気心の知れた仲間と、心置きなく美味しい食事を楽しむことは、この上ない贅沢《ぜいたく》であり、ストレス解消にはもってこいなのかもしれません。

そんな中で気になるのは、ついつい食べ過ぎてしまうこと。楽しい仲間との食事では、なおさらです。一度たがが外れた食欲は、制御が利かないものです。食べ過ぎてしまうことで、「食べる」ことに対して罪悪感を持ち、「食事」を後悔してしまうようになるのです。そうなってしまったら、本来ストレスを解消するための楽しい食事が、かえってストレスになってしまいます。

そんなときは、思い切って「暴飲暴食も許可」してみましょう。**嫌なことがあった時の暴飲暴食は、身体にも心にもよくありませんが、頑張った自分へのご褒美の暴飲暴食は、許してあげてもいいのです。**

「食べたいけど、カロリーが高そうだなぁ」とか、「食べたいけど、やっぱりやめておこう」ではなく、**「今日は、美味しくいただこう」**です。

「食べていいとき」と「食べないとき」をメリハリをつけて選択するポジティブな暴飲暴食は、日頃のストレスを解消してくれるだけでなく、また新たに自分を律して頑張ろうと、気持ちをリセットしてくれる起爆剤になります。

50 とはいえ、体重計には毎日のる

体重の増減に一喜一憂する。ダイエット中の人や女性には、こんな経験を持つ人も多いのではないでしょうか。体重は健康のバロメーターといわれます。数値化されてわかりやすいため、体重の増減は一つの目安になります。食べ過ぎが続いたため、食事の量を制限しているときに、少しでも体重が減ると、嬉しくてさらに頑張ろうという気になるものです。

本来、健康は体重だけで判断するものではありませんが、**急激な体重の変化は、何か病気のサインであることもあるために、こまめにチェックしておいたほうがいい**かもしれません。

先に述べたように、ＣＡは１日５食食べることもあるほど、よく食べます。回数もさることながら、一度に食べる量も多く、男性並みに食欲旺盛な人が多いです。日本でＣＡ時代の同僚と食事すると、よく飲み、よく食べ、あまりの食べっぷりの良さに、レストランのスタッフに驚かれることもしばしばあります。

そんな豪快な女性が多いＣＡの世界ですが、太った女性はあまり見かけません。

ＣＡには厳しい美容基準があり、体形についても一定の基準が設けられているからです。人前に出る仕事ですので、健康的な容姿を維持することは当然求められます。サービスが良いと評判の外資系エアラインでは、太り過ぎて制服のサイズが変わったら、即、乗務停止という厳しい基準があるところもあるほどです。日本ではそこまでの厳しい基準はありませんが、太ったり、やせたりしても、**制服は簡単にはサイズ変更ができないため、体重管理は常に求められています。**

つまり、体重を管理するということは、自分を律するというセルフコントロールなのです。体重が増え、制服が入らなくなるまで際限なく飲み食いするのではなく、体形に表れてくる前に自分を管理しなければいけません。

そのためには、「毎日体重計にのる」ことです。ダイエットが目的ではなく、体重の変化に敏感になるためです。毎日体重計に乗ることが習慣になると、体重の増減を見て、食事の量や運動量を自然とコントロールできるようになります。食べ過ぎや不規則な食生活を管理できるようになれば、健康だけでなく、自分のマインドも管理できるようになります。

自分の体重すらコントロールできない人が、ビジネスや他者をコントロールできるはずがありません。まずは、「毎日体重計にのって」体重とマインドを自由にコントロールできる自分になることが、ビジネスの成功の第一歩です。

51

食事の「栄養」を意識する

最近は、少し前まで日本では手に入らなかった食材やスパイスなども、簡単に手に入るようになりました。今では当たり前のようにスーパーに並んでいるパクチーも、数年前はまだ日本では存在も知られていない野菜でした。私が初めてパクチーをいただいたのが、今から30年前に訪れたバンコクのタイ料理屋さん。独特の香りで、鼻につく匂いが店中に広がっていたことを覚えています。癖が強すぎて、当時は食べることができなかったのですが、今ではパクチーがないと物足りないと思うほど、大好物になっています。

余談ですが、私が新人の頃、日本にない珍しい食材を食べ慣れていない新人CAが「これを美味しいと思えるようになったら一人前」といわれる食材が、パクチーとドリアンでした。当時はどちらも日本では見たこともないもので、特にドリアンは強烈な匂いと何とも言えない食感で、新人CAは食べることができない人が多いのですが、これを「美味しい」と言って食べられるようになったら、ようやく一人前のCAと認められるのです。こうしてCAは世界の味を舌で覚えていくのですね。

本題に戻りますが、例えばこのドリアン、実は「果物の王様」と言われています。ゴツゴツした不思議な見た目と強烈な匂いだけでなく、栄養価も「王様級」に高いのです。特に、ミネラルが豊富で、ビタミンB_1は果物のなかでもトップクラスの含有量です。これだけ聞けば、いいことずくめのように思うのですが、実は落とし穴もあります。「果物の王様」だけあって、糖質もカロリーも恐ろしく高いのです。バンコクでは、ドリアンを食べ過ぎると熱が出たり、身体が火照ったりするとも言われています。だからお酒と一緒にドリアンを食べたり、食べた直後にはお酒を飲まないほうがいいのです。タイでは、保健省から警告が出されているほどです。

現在の日本は、「食」に困ることがないにもかかわらず、栄養不足の人が多いといわれています。味の良し悪しだけでなく、栄養価を知ることで、食事の質が変わってきます。**常にベストコンディションを保つには、ただ「食べる」のではなく、基本となる「栄養」を見直すこと**です。

疲れているときには、豚肉やウナギなどのビタミンB_1、イライラするときには、ブロッコリーやキウイなどのビタミンCを積極的にとるなど、好き嫌い、美味しい美味しくないだけを基準にするのではなく、栄養価を意識する。それが、できるビジネスパーソンの教養であり、ベストパフォーマンスの源になります。

52 バスタブに浸かることで、最速で疲労と清潔と潤いを回復させる

日本人はお風呂好きです。夏は高温多湿、冬は低温乾燥の気候柄、湯船に浸《つ》かって疲れを癒すことが習慣として日本人の日常になっています。最近では、シャワーですます人も多いようですが、ゆっくり湯船に浸かってリラックスすることで、気分もリフレッシュできますね。

ＣＡは月に10日のお休みがあります。裏を返せば、**月の半分以上は自宅にいません。ステイ先のホテルが生活の場**です。ホテル事情も国によって違いがありますが、なにより気になるのが、お風呂です。外国のホテルにはバスタブがないところもあります。同じホテルでも部屋によってある部屋とない部屋があったりするのですが、私は湯船に浸かってゆっくりしたい派ですので、バスタブのない部屋は論外です。バスタブがないと部屋を変えてもらうほど、バスタブはステイ先で英気を養う大切な場所です。

シャワーでは取れない疲れを、湯船にゆっくり浸かって回復させることは、多くのＣＡが実践しています。フライトで身体中に帯びた静電気をとり、頭のてっぺんからつま先まで、カラカラ

に乾燥した身体を潤すには、入浴が一番効果的です。ステイ先のホテルでスパ気分を味わうために、入浴剤などバスグッズをフライトに持参し、楽しんでいるＣＡも多くいます。

このように、バスタブに浸かることは、短時間で疲労を回復させ、身体を清め、潤いを満たすために欠かせません。たまにどうしてもバスタブのない部屋しか取れず、シャワーだけですますようなときは、身体が温まらず、熟睡できません。フライトに向かう身体の調子に明らかに違いが出てきます。日本ではシャワーですませることができても、外国では無性にバスタブに浸かりたくなるのも不思議なものです。

余談ですが、外国でバスタブにお湯を満たすときは、注意が必要です。水量が多く水の勢いが強い上に、バスタブが浅いものが多いので、あっという間にあふれだします。疲れてお湯を出したまま眠ってしまい、バスルームを水浸しにしてしまって、多額の損害賠償を払ったＣＡもいます。

１日の疲れをゆっくりと湯船の中で洗い落とし、頭も空っぽにすることで、１日をリセットする。このリセットが上手な人ほど、ビジネスもうまくコントロールできるものです。面倒くさがらず、バスタブでしっかりと身体とメンタルをリセットしてみてはいかがですか？

53 ストレスを軽くするために「裸で寝る」

人が健康で、毎日溌剌《はつらつ》と元気に日常生活を送ることができるのは、「睡眠」が深く関係しています。「良質な睡眠」が大切だということは、言うまでもありません。夜、眠れなかった翌日は、思考も活動量も低下し、1日中頭がスッキリしなくて、何度も襲ってくる眠気と闘わなければいけない羽目に陥ります。「睡眠」の質が、そのまま生活の質に直結しているのです。**「眠れない」状況は、人を不安にさせます。**食事が食べられないときには「どうしよう」とは思わないものですが、「眠れない」と「どうしよう」と不安に思ってしまうのです。睡眠不足は精神に与える影響が大きいようです。

CAは万年睡眠不足です。必要な睡眠時間は人それぞれですので、4～5時間眠れば平気というショートスリーパーもいるのですが、仕事柄、常に失われているのが睡眠時間です。例えば、国内で5日間の旅行にいくとします。5日の旅行ですので4泊5日、5日間のうち、夜お布団の中で就寝するのは4回です。それが同じ5日間の旅行でも、ニューヨークになると事情が違ってきます。ニューヨーク5日間の旅は3泊5日です。つまり夜、お布団の中で就寝するのは、5日間のうち3回しかないということになるのです。これが失われた1泊です。もちろん機内泊がありますのでお客様として旅行するのであれば、機内で睡眠を取る時間はあるのですが、CAにはありません。2時間程度の仮眠は取りますが、本来就寝している時間も、眠らず仕事をしているのです。

失われた1泊が何年分も蓄積されていくと、相当な時間になります。つまり、本来取るべき睡眠時間が常に足りていないのです。だから眠る環境にあるときに眠れないと、強迫観念にかられ、不安になります。

眠りたいのに眠れない状況は、ストレスもたまります。そんなストレスを少しでも軽くするために、私が長年実践していることがあります。それが、「裸で寝る」ことです。

日中の日常生活では、下着をつけ、洋服を着、身体のどこかを常に締め付けている状態です。それを就寝しているときは、すべて解放するのです。これには、お医者さんの間でも賛否両論いろいろ議論されていますが、私にとっては、ストレスなく眠ることができる最強の睡眠法です。**私が20年以上風邪もひかないで過ごせているのは、「裸で寝る」ことのおかげだと密《ひそ》かに信じています。**

騙《だま》されたと思って試すのもよし、恥ずかしくてできないというのもよしです。自分にあった最強の健康法を見つけることで、健康に自信がつきます。**ビジネスの成功は、健康がベースにあってこそ**です。健康に自信がつくだけで、ビジネスも人生も豊かに楽しむことができるのです。

54 出社から逆算して就寝時間を決める

ＣＡの生活は不規則です。毎日同じ時間に起床し、3度の食事をほぼ決められた時間にとり、同じ時間帯に就寝するという一般的な「規則正しい生活」からは程遠く、生活パターンは与えられたフライトのスケジュールによって左右されます。国際線をフライトすると、この不規則な食事、起床、就寝時間に加え、時差がのしかかってきます。

みなさんも旅行や仕事で外国から帰ってきたときに、時差に悩まされた経験があるのではないでしょうか。身体は疲れているのに、夜中にパッチリ目が覚めて眠れなかったり、昼間に猛烈な眠気が襲ってきたりと、いわゆる「時差ボケ」という状態は、本当につらいものです。

国際線のＣＡは、世界中をフライトします。サンフランシスコにフライトし、帰国後2～3

日の休みをはさんで、次はロンドンにフライトするなど、月末にスケジュールが出るまで、いつどのフライトが入るのか確定しません。ホノルルから戻り、ようやくホノルルの時差ボケが解消したと思ったら、次はフランクフルトへのフライトが入ったりと、時差で生活が昼夜逆転し体内時計が完全に狂ってしまうのです。時差に弱いCAは、年中時差ボケに悩まされています。

私の場合、時差ボケで夜眠れないことはしばしばありましたが、もともと時差には鈍感なタイプで、疲れているとどこでもすぐに寝付くことができました。時差に悩まされない人は、ほんとうにCAに向いているのかもしれませんね。

程度の差こそあれ、時差ボケは誰にでも起こるものです。そして時差対策も人それぞれです。CAも、「時差を考えて、就寝時間を決める人」や、「フライト後どんなに疲れていても、すぐに寝ないで現地時間に合わせて生活する人」「眠いときには、何も考えずにとりあえず寝る人」など千差万別で、自分に合った時差調整を行っています。

睡眠は、仕事や生活の質に大きく影響します。時差ボケのように、常に寝不足状態でいることは、仕事のパフォーマンスを低下させます。時差のあるなしにかかわらず、睡眠を大切に考える人は多いものです。最近では、質の悪い睡眠を「睡眠負債」と呼び、健康を害する要因として専門家が警鐘を鳴らしていますね。

そんな悩み多き「睡眠」に対して**CAが必ず行っていること**があります。

それが、「寝入り逆算」です。ショーアップと言われる出社時間を起点にして、そこからすべての行動を逆算していきます。例えば、ニューヨーク便のショーアップが羽田に午前9時だとします。会社までの通勤時間と制服に着替えたりと出頭時刻までに準備する時間を2時間とみて自宅を出るのが、午前7時。自宅を出る前に支度をする時間を2時間とみて起床が午前5時。睡眠は8時間は必要だとすると、就寝は午後9時です。午後9時に就寝するためには、食事を何時までにすませて、日中の用事をすませるのが何時……という具合に、すべての行動を逆算で考えるのです。

これは、不規則な生活になりがちな人の睡眠時間を確保し、仕事のパフォーマンスを最大にする方法です。**「睡眠」を生活の中心にとらえて、すべての活動を逆算で決めていく**のです。

55

心身のコンディションをアップさせるために、「朝5時半起き」を習慣化する

不規則な生活を送る人に、「寝入り逆算」の睡眠方法をご紹介しましたが、規則正しい生活の

ためには、やはり朝は決まった時間に起床し、朝日を浴びることで、気持ちのよい1日をスタートさせることができます。

朝、気分良く目覚め、清々《すがすが》しい朝の空気を身体に取り込むと、心も体もパワーがみなぎり、思考も冴えわたりますね。「今日も1日、頑張ろう！」と思えるのは、寝坊して遅く起きた朝ではなく、すっきり目覚めた朝ではないでしょうか。多くの勉強会や交流会が早朝に行われているのは、意味があるのです。

CA時代にはできなかった「規則正しい生活」ですが、現在は「朝5時半起き」が習慣になっています。早起きには、メリットがたくさんあります。家族も街も動き出す前の静かな時間は、誰にも邪魔をされない自分だけの時間です。慌ただしい毎日をただ慌ただしく送るのではなく、静かに自分時間を充実させるには、早朝が一番です。

私はこの貴重な朝の時間に、コーヒーを飲みながら新聞をゆっくりと隅々まで読み、玄関の雑巾がけとトイレ掃除をする時間にあてています。これはやらないと気持ちが悪くなるくらい毎日の習慣になっています。家族が起きだす前に、これを終えることができるのは、ちょっと得した気分になるのです。

「早起きは三文の徳」とはよく言ったものです。健康にも良し、時間の有効活用にも良しです。何より1日に使える時間が長くなるのですから、三文の徳どころではありませんね。最初のうちは、目覚まし時計を頼りに頑張って起きなければ起きられないかもしれませんが、**習慣になってしまえば、自然と目が覚めるようになります。**習慣は義務ではありません。義務感でやっているうちは、習慣にはならないものです。食事のあと歯を磨くように、早起きが習慣になれば苦ではなくなります。新聞を読んだり、読書をすることなどで頭を使い、軽いストレッチや雑巾がけなどで身体も動かす。

このように静かに早朝の時間を過ごしていると、自然の変化にも気がつくようになります。「日の出が早くなったなぁ」とか、「朝はずいぶん冷え込むようになってきたなぁ」とか、普段はあまり気に留めなかったような些細《ささい》な変化に心が動くようになるのです。

早朝のほんの少しの時間の使い方次第で、心身のコンディションが驚くほどよくなります。

「朝5時半起き」は、心と身体を健全に保つ良薬です。

56

「二度寝を防ぐ」ために、立ってカーテンを開ける

日常生活の中で、「明日は絶対に寝坊ができない」という状況が度々あります。そんなときは、緊張で眠れないという人も多いのではないでしょうか。前日眠れずに、そのまま朝を迎えてしまうような状況は、身体には堪《こた》えますが、遅刻をしないという点では合格です。

それよりも、問題は「寝過ごす」ことです。早く起きなければいけない緊張感から、なかなか寝付けないでいたところ、朝方知らぬ間に眠りに落ちて寝過ごしてしまったり、一度目が覚めて目覚まし時計を止めたはずが、また眠ってしまい遅刻したなど、ハッとした経験をお持ちの方もいらっしゃるのではないでしょうか。私の経験上、絶対に寝坊してはいけないときに限って、寝過ごしや二度寝をしてしまうことが多いように思います。

前にも述べたように、CAは時間厳守が厳しく求められます。どんな理由であれ、遅刻は厳禁です。なぜなら、決められた人数のCAが揃わないと飛行機は飛ばすことができないからです。公共交通機関で働く者は、寝坊で遅刻するなど論外なのです。

私は25年間航空会社に在籍しましたが、恥ずかしながら一度だけ遅刻をしたことがあります。今でも夢に出てくるほどの苦い苦い思い出です。まだフライトし始めて、1年経《た》つか経たないかの頃。初めて訪れるフライト先も多く、覚えることは山のようにあります。毎回フライトの前日は、乗務の下調べとステイの荷造りで緊張の連続でした。そんな中、成田から早朝に出発する東南アジア便に乗務することになり、私にとって前代未聞の悲劇が起こったのです。

前日の夜は、明日は早朝便乗務で絶対に寝坊ができないという緊張感からなかなか寝付けず、「このままだと一睡もしないで乗務することになるなぁ」と不安になりながら朝方まで悶々《もんもん》としていたのですが、いつの間にか寝落ちし、目覚まし時計も知らぬ間に止めてしまっていたのです。電話で起こしてくれたのは、なんと迎えのタクシーの運転手さんです。一気に飛び起き、心臓が飛び出るくらい焦りました。そのときのことを思い出すと、今でも冷や汗が出るほどです。それ以来、寝過ごしや二度寝には細心の注意を払うようになりました。

寝過ごしを完全に防ぐことは難しいかもしれませんが、**二度寝は防ぐことができます**。

それは、**目が覚めたら、まずは「上半身を起こす」**こと。これをやらないと、またずるずると眠りに落ちていきます。だから頭は寝ている状態でも、上半身だけは起こすのです。そしてすぐに**「立ち上がり」**ます。立ち上がったら、**「カーテンと窓を開ける」**ことです。部屋が明るくなり、新鮮な空気が入ってくると、二度寝は防ぐことができます。

「上半身を起こす」「立ち上がる」「カーテンと窓を開け放つ」このルーティンで、スッキリと目が覚め、軽やかに活動する準備ができるのです。

57 コンディションをプラスに変える 腹筋・背筋は、「ながら」で鍛える

「腰痛」はCAの職業病です。

狭い機内の通路を重いカートを引き、無理な体勢で仕事をするCAは、腰痛に悩まされている人が多いのです。機内業務は、想像以上の力仕事です。日本ではまだ少数派ですが、外資系のエアラインでは男性乗務員が半数乗務しています。私も現役時代、「男性乗務員がいたら、少しは楽なのになぁ」と何度も思ったものです。

食事の入ったカートはとても重く、普通に動かすだけでも一苦労なのですが、通路を引いて歩くには相当の力が必要です。サービスを開始するのは、飛行機が水平飛行に入ってからですが、完全に水平になるわけではありません。飛行機は常に機首をやや上げた状態で飛行していますの

で、機首に向かってカートを動かすときは、軽い坂道を押して登っているという感じなのです。これは身体にもかなりの負荷がかかります。そしてサービス中、気流の変化で揺れたりすると、重いカートを押さえながら、不安定なところで足を踏ん張るので、腰にも相当の負担がかかります。

これを数年続けていると、腰に疲労が蓄積し、腰痛を発症してしまうのです。腰痛を予防するには、腹筋と背筋を鍛えることです。身体を動かすことが苦にならない人は、ジムに通ったり、自分で腹筋を鍛えたりできるのでしょうが、運動が苦手な人は、腹筋背筋を鍛えると聞いただけで、拒絶反応を起こします。

そんな**ズボラさんには、「ながら」で鍛えることをお勧め**します。実は、私は運動が苦手です。ゴルフとスキーだけは大好きなのですが、腹筋・背筋なんて、言葉を聞いただけで身体が動かなくなるくらいです（笑）。そんな私でも続けることができるのが、「ながら運動」です。何かの「ついで」でもいいのです。

私は、座って前後に身体をゆらゆらゆらゆらすだけで腹筋が鍛えられるという健康器具を使っています。これなら、テレビを観ながら、ペットと遊びながらでも無理なく腹筋運動ができます。苦手な人があらたまって運動をやろうとしても、なかなか続かないものです。だから運動をするという意識ではなく、軽い気持ちで「ながら」ですることをおすすめします。

ビジネスパーソンにとって健康な身体が一番の資本です。**どれだけ仕事ができるとしても、不健康では責任あるポジションを任せてもらえませんし、評価も下がります。**「疲労がたまってきたな」と思ったら、早目の対処が肝心です。「ながら」で身体も気持ちも無理なく整えてみてください。

58

「毎分100メートルの早歩き」が、元気に働く秘訣

関西人の私が、初めて東京に来たときに感じたことがあります。それは、「東京の人は歩くのが遅い」ということです。今でこそ慣れてしまいましたが、私が学生時代を過ごした大阪は、とにかく人の流れが速いのです。歩くスピードというよりも、厳密に言えば、歩き出しが早いというのでしょうか。

信号待ちをしていても、前の信号を見るのではなく、横の信号を見て、黄色に変われば歩行者はフライング発進です。完全に青になった時点では、大半が横断歩道の真ん中まで進んでいる状

態です（笑）。今でもその傾向は変わっていないでしょう。「関西人はせっかち」というのは、あながち間違ってはいないようです。

早歩きは健康にもいいことが立証されているのですが、ＣＡが機内で業務中に早歩きすることはＮＧです。

私は奈良の実家に帰省するときには、飛行機を利用するのですが、先日、大阪行きのＪＡＬ便を利用したときのこと。お客様はほぼ満席です。羽田－大阪間はフライトタイムが45分ほどでドリンクサービスと機内販売を終えなければいけません。天候がいいと問題ないのですが、悪天候で途中でベルトサインが点灯するようなことがあったら、サービスが終わりません。時間との闘いです。私が利用した便も降下に際して揺れが予想されているので、化粧室の利用は早めに済ませるようアナウンスがされていました。

案の定、サービスの途中でベルトサインが点灯し、ＣＡもサービスを中断して着席しなければいけない状況になったのですが、一人のＣＡが自分の担当ドアのジャンプシートと呼ばれる乗務員席に戻るため、なんと通路を猛ダッシュで走り抜けていったのです。通路側に座っていた私の腕をかすめる勢いです。周りの乗客も「なにごとか」と驚いた様子で、そのＣＡに視線を向けていました。

乗客の立場では、色んなことが見えてくるものです。ＣＡが機内の通路を走っていると乗客は不安になるのです。街で警察官が走っていると、「何かあったのか」と不安になるように、安心安全に携わる人はむやみに走ってはいけません。

フライト中の早歩きはNGですが、普段は常に早歩きを心掛けています。**不動産屋さんの物件表示に、徒歩○○分とありますが、あれは1分80メートルを基準にしているそうです。それよりも少し速い「毎分100メートルくらいの速さ」が目安**です。運動が嫌いな私にとって、早歩きが健康を維持する唯一の運動というところでしょうか。

ランニングでもなく、ウォーキングでもない早歩きは、無理なく続けられる健康法です。改めて運動するとなると億劫になりがちですが、**日頃の習慣として早歩きを取り入れる**と、フィジカル面が強化されていきます。さらに早歩きは動きも機敏に見え、颯爽《さっそう》とした印象を与えます。健康にいいだけでなく、見た目の印象もよくなる早歩き。腕を大きく振り、姿勢を正して颯爽と歩く姿は、人目を惹《ひ》き、周囲の視線を集めるに違いありません。

59 1日5回の「スクワット歯磨き」で、印象が劇的によくなる

CAの得意技ともいえる、「ながら」行動。

多くのお客様に対応していると、一度に多くのタスクが発生します。一つを頼まれたときでも、それだけをやるのではなく、周りの状況を瞬時に判断し、三つ、四つの作業を見つけて同時に行うことが求められます。「一を聞いて十を知る」ということわざがありますが、「一をして十をする」という感じでしょうか。

仕事でそのような習慣が身についてしまいますと、日常生活においても、常に効率を考えて行動する癖がついてしまいます。例えば、普段の生活で、隣の部屋に何かを取りに行くようなときでも、ついでにキッチンでお湯を沸かして、それから洗面所でタオルを取って……というように、「ついで」と「ながら」の効率を徹底的に考えるようになります。

一番効果的なのは、日常生活で当たり前になっている習慣に「ながら」を取り入れることです。例えば、歯磨きです。毎回食事のあとには歯磨きをします。これは、義務でもなく、嫌々で

もなく、普通に行う当たり前の習慣です。

通常歯磨きは、1日3回が普通かもしれませんが、私の場合、朝起きてすぐと3度の食事のあと、そして寝る前の最低でも**1日5回歯を磨きます。**ただ歯を磨いているだけでは、もったいない！　だから、**歯を磨きながらスクワット**を取り入れます。**1回3分歯磨きをすると仮定して、1日5回だと15分、それを毎日続けると、かなりの効果です。**

特別なことを特別にやるとなると、よほどの覚悟がないと続けられないものです。だから、日常生活の中で、普通に行っていることに、「ながら」や「ついで」を組み込むのです。それを毎日繰り返すと、習慣になり、自然と体が動くようになります。頭で考えなくてもできるレベルに達すると、あとは楽して効果が出るものです。

実はこの方法、ファーストクラスのお客様が機内で行っていたことを真似《まね》たものです。ミールサービスが終わり、使用中の化粧室の前で順番をお待ちのお客様が、待ちきれずその場で歯磨きを始められました。そして歯を磨きながらスクワットをしていらしたのです。

話を伺うと、「何かをしているときは、『ついで』に何かをするように心掛けているんですよ。歯磨きは、いつもスクワットとセットでね」とおっしゃったのです。エグゼクティブは、仕事もプライベートもパワフルに活動する人が多いです。無理なく、自然に、それでいて効果も効率も上げながら、毎日をアクティブに過ごす。

普段何気なく行っている歯磨きも、捉え方次第でパワーアップします。「ついで」と「ながら」はエグゼクティブなビジネスパーソンの究極の隠し技です。

60 身体の状態をリセットするルーティンを持つ

先日テレビである会社のオフィスが紹介されていました。その会社は、一部上場企業で社員数も多く、オフィスもかなりの規模です。いくつもに仕切られたスペースが会議室になっています。そこで社員が会議をしていたのですが、会議室には椅子が置かれてないのです。全員が立ったまま会議をしています。レポーターが、「立ったままの会議は、つらくないですか？」と質問していましたが、立ったままのほうが集中できるし、短時間で終わらせようとするので効率がいいとのこと。オフィスワークは座っている時間が長いので、立った状態で会議をすることは、健康のためにもいいかもしれませんね。

最近は、社員の健康増進のために様々な取り組みをしている企業が増えてきました。

ひと昔前には、企業が社員の健康を考えると、スポーツジムを推奨したり、規模の大きな会社だと社内にジムを設けたりと社員の自主性に任せたものが主流でした。この会社のように、日々のオフィスワークの中で、手軽に全員が取り組める仕組みが取り入れられているということは、企業側の社員の健康に対する認識が変わってきたのでしょう。社員の健康は、会社の生産性に直結しますので、社員にとっても、企業にとっても大切なテーマです。

航空会社も社員の健康増進には力を入れています。特にCAの職場環境はとても過酷で、腰痛や首痛、睡眠障害など健康を害する人も多いのです。不規則な生活を強いられるため、他の部署とは違う客室部門独自の取り組みがなされています。

例えば、フライト前に必ず行うウォーミングアップ体操があります。これは、ブリーフィングと呼ばれるフライト前の打ち合わせのときに、全員がデスクに座った状態で体操を行います。そして、飛行機に移動して、お客様をお出迎えする前にも全員で体操を行います。どちらも3分ほどの短い体操ですが、身体をほぐし、腰痛や首痛を防止するための取り組みです。体操の内容よりも、体操を「フライト前に必ず行うルーティン」とすることがポイントです。

身体のコンディションをベストな状態に整えることは、ビジネスパーソンとして必要な課題です。病気をしないという観点での健康管理ももちろん大切ですが、日常の業務において、常にベストなコンディションでいられるか、そうでないかが重要です。休むほどではないけれど、ちょっと気分がすぐれないとか、何となく身体がだるいとか、ちょっとした不調は誰にでもあるものですが、そんな状態を極力減らすことです。

そのためには、**「必ず行うルーティン」を作ることがおすすめ**です。**ＣＡがフライト中、ギャレーの中で足をクロスさせ前屈を行っているように、ちょっとした隙間時間で身体の状態をリセットする**ルーティンを持つことです。在宅ワークが増える昨今、家の中でも手軽にできるルーティンを見つける。それが、ベストコンディションとベストパフォーマンスを支えてくれます。

61

無臭は最強のビジネスマナー

すれ違いざま、かすかに漂ういい香り。見知らぬ人でも、ほのかな残り香はいい印象を与えます。最近では、このかすかに香る香りでも不快感を表す人がいる時代になりました。巷《ちまた》で言われるスメハラ、いわゆるスメルハラスメントというものです。

人の嗅覚は様々です。味覚同様、同じ匂いでもいい匂いと感じる人もいれば、不快に感じる人もいます。ひと昔前までは、衣服の柔軟剤は香りが長続きするものが好まれる傾向でしたが、最近は柔軟剤すら無臭のものが好まれるようになり、一般的にいい香りとされてきた香りですらスメハラの対象になってきたようです。

匂いに関しては、私も苦い思い出があります。香水が大好きな私は、日頃からよく愛用していました。乗務するときはつけないのですが、ある日パイロットの友人に、「山本さんは、アメリカのデパートの香りがする！」と言われてしまったのです。

日本のデパートもそうですが、日本以上にアメリカのデパートの化粧品売り場は、強烈な化粧品と香水の匂いがあふれています。彼がいい意味で言ったのか、悪い意味で言ったのかはわかりませんが、今思うと、友人にそう言わせてしまった私もスメハラの加害者だったのかもしれません。

人が匂いに敏感になり無臭を求める時代に、気をつけなければいけないのが、体臭や口臭などの人間が発する匂いです。香水は元々、体臭の強い欧米人がマナーとして使い始めたものですが、体臭を香水でカバーすることすら許されない今の時代では、体臭や口臭を無臭にしなければいけないのです。

航空機内は密閉空間です。定期的に換気はされてはいるものの、香水などのきつい香りはこもりがちです。そして匂いに関しては、お客様同士のトラブルも多いのです。

「隣の人の足の臭いがきついのでなんとかしてほしい」というＣＡ泣かせの、なんとも悩ましいお申し出も実際にあるほどです。空席があれば移動していただけるのですが、満席の場合はどうすることもできません。そういう場合は、当人に気づかれないように、こっそりと床に消臭剤をまいたりして対応しています。

多くのお客様に接するＣＡは、たとえいい香りであったとしても、匂いを発する香水は禁止されています。香りの強いハンドクリームや整髪剤なども禁止です。お客様との距離が近くなるため、口臭にも気を遣います。乗務の前日は、匂いの残る食べ物を控えるようマニュアルにも明記されています。

現代のビジネスパーソンは、自分が発する匂いに敏感にならないといけません。**相手に不快感を持たれないためには、徹底的に無臭であることです。自分では気がつきにくい自分の匂いですが、日頃から意識をし、徹底的に匂いの元を絶つ。**これからのビジネスパーソンは、無臭であることが絶対条件です。

62

男女問わず肌は「強力な武器」になる

肌の美しさは、女性の永遠の憧れです。肌は、お化粧ではごまかせない素《す》が表れます。肌が美しいとそれだけで清潔感が感じられ、美人度が上がります。最近では、男性もエステに通ったり、脱毛をしたり、スキンケアに気を遣う人が多く見られます。男性化粧品も、女性なみにラインアップが豊富で、ニーズの高さがうかがえますね。「男は外見より中身で勝負だ」と豪語する世代の男性には、考えられないことなのでしょうが、中身だけで勝負ができる時代は終わったようです。

肌が美しいと清潔感が感じられ、魅力的に映るのは、女性に限ったことではありません。男性も同じように肌の美しさは武器になります。男性はお化粧をしない分、肌質が露骨に表れますから、肌そのものの美しさと清潔度が勝負のポイントかもしれませんね。

客室乗務員は、LGBTQ先進の世界です。数としては、圧倒的に女性が多い業界ですが、多様性があり、今から30年ほど前、私が新人の頃からLGBTQは違和感なく受け入れられていたように思います（当時はまだＬＧＢＴＱという言葉は使われておりませんでしたが）。

だからというわけではありませんが、男性ＣＡの中には、女性よりもスキンケアに熱心な人も多くいます。

私がパーサーの頃、同じグループに所属する若い男性ＣＡが、大量のスキンケア化粧品を大きなコスメポーチに入れてフライトに持参し、ステイ先で夜な夜なケアをしているという話を聞いて、女性ＣＡ一同がひっくり返って驚いたことがあります。彼からは女性よりも詳しいコスメ情報をよく教えてもらったものです。

彼のように突出してスキンケアに熱心な男性ＣＡは少数派ですが、女性乗務員の美容基準同様、男性乗務員にも厳しい理容基準が定められています（女性は美容、男性は理容基準です）。その中には、髪型、髪の長さ、髪色などの規定から、ひげ、もみあげの長さ、体毛、アクセサリーにいたるまで細かい規定があり、厳守が求められます。

特に肌に関しては、男性も極度の肌荒れやひどいニキビは乗務停止の対象となります。肌が極度に荒れていると、清潔感が損なわれるためです。そして、肌荒れは内臓の不調、つまり生活の乱れを感じさせてしまうのです。

男女を問わず、**ビジネスパーソンにとって、肌が美しく、清潔であることは強力な武器になります。**きちんとした生活感が垣間見《かいまみ》え、笑顔もさわやかに映ります。そして何より肌がきれいだと、自信がつき、人間関係にも積極的になれるものです。中身を磨くことは大切ですが、まず一番目につく肌を磨き上げることで、ワンランク上のビジネスパーソンへ道が開けるのです。

63

ファーストクラスに乗る紳士ほど「爪」を清潔にする

私がまだ20代前半の頃、アメリカにフライトしたときの楽しみがありました。それは、ネイルサロンに行くことでした。今から30年以上前です。当時、日本ではネイルサロンが数えるほどしかない時代です。あったとしても高額で敷居が高く、今のように誰もが気軽に通えるような場所ではありません。そんな時代にアメリカでは、お買い物のついでに気軽に入ることのできるネイルサロンが街のあちこちにあったのです。値段も安価です。アメリカにフライトするたびに訪れていたものです。

そこで驚く光景に遭遇しました。ニューヨークのネイルサロンを利用したときのことです。

ロックフェラーセンターの近くという場所柄なのでしょうか、映画に出てくるような、いかにも仕事ができそうな男性ビジネスパーソンが数名、私の隣でネイルのお手入れをしてもらっているのです。日本では絶対に見ることのない光景を目のあたりにして、カルチャーショックを受けました。さすがにマニキュアまではしていませんでしたが、甘皮を整え、爪をピカピカに磨いてもらっているのです。もしかしたら、来てはいけないネイルサロンに来てしまったのかも、と怖くなったくらいです。

男性が爪や手を綺麗《きれい》に保つことは、エグゼクティブの常識です。今でこそ当たり前になっていることですが、「男性がネイルサロンで爪を磨いてもらっている」なんて、当時の私には衝撃的な出来事だったのです。今でも男性がネイルサロンで爪のお手入れをすることは、日本では違和感を持たれ、あまり目にする光景ではありませんが、それだけ欧米の男性はビジネスパーソンとしてのたしなみと美意識が高いのです。

大きな理由は、「握手」の文化です。欧米のビジネスパーソンの挨拶は、握手に始まり、握手に終わります。相手への礼儀として、必然的に手を清潔に保つことが求められるのです。最近では、日本でもビジネスの相手と握手する機会は多いのではないでしょうか。コロナ禍で握手の仕方も変わりつつありますが、グローバルな視点からはお辞儀よりも友好的なパフォーマンスとしてとらえられています。

手は意外と人の目につきやすいところです。女性も男性の手をよく観察しています。「そんな手で触らないで」と思うほど、手が荒れていたり、爪の間が汚れていたり、ささくれが目立ったりしている人が多いです。だから「手は清潔に」が鉄則です。

ファーストクラスにお乗りになるVIPにも、爪がピカピカに磨かれている人や、乾燥を防ぐために機内でハンドクリームを塗る人をお見かけします。**咄嗟《とっさ》に握手を求められても、堂々と応えられるように、日頃のケアは大切です。**握手を求められて、慌ててズボンで手を拭いたりするのは、グローバルに活躍するビジネスパーソンとしては失格です。

64 リラックスする洋服ばかりを選んで着ると、最速で老ける

年齢とともに崩れていく体形。若い頃は、少々食べ過ぎても次の日に食事の量を少しコントロールするだけで体重も元に戻ったものですが、年齢を重ねるにつれ、簡単には元に戻らなくなっていきます。気がつけば、体重が大幅に増加していた、なんてことになりかねません。

そうなったとき、みなさんはどんなアクションをとるでしょうか。

このままではマズいと思う人は、食事を制限したり、運動をしたりするでしょうし、歳《とし》なんだから仕方がないと開き直る人は、体形が変わっていくのを黙って受け入れるのでしょう。

女性の場合、体形の変化をうまくごまかす手っ取り早い方法があります。それが、服装です。男性に比べて女性の洋服はバリエーションが豊富です。多少の体形の崩れであれば、着こなし方一つで何とでもなるのです。体形がわかるタイトスカートではなく、ふんわりしたロングスカートでシルエットをごまかす。長めのシャツの裾をインしないで、お尻を隠す。など「細見えテクニック」は花盛りです。極めつけは、ウエストがゴムの洋服を選ぶようになることです。ウエストがゴムのスカートはいくら食べても苦しくならない秘密兵器です。

でもこれが大きな落とし穴です。この小手先のテクニックで細見えが成功したとしても、根本的な体形の崩れは解決しません。「私、脱いだらすごいんです」状態です。**CAは制服で自分の体形をコントロールしています。**長期の休暇後などは、制服がきつくなったりしがちなのですが、制服に合わせて緩んだ体形を戻すのです。

ビジネスパーソンは、自分自身が商品です。たとえ会社員であっても、個人事業主であっても、経営者であっても、社会は「あなた」を見ています。できるビジネスパーソンは、体形維持も仕事のうちと考えます。身体に合ったサイズの洋服を身につけ、常に体形の変化に敏感であることを心掛けています。

リラックスする洋服は、着心地はいいのかもしれませんが、緊張感も奪います。緊張感がなくなると、人は急速に老けて見えます。

最強のビジネスパーソンとして活躍したいなら、締まりのない崩れた体形は禁物です。適度な運動と適切な食生活、そして**きつくなったウエストは、リラックスする洋服で甘やかすのではなく、ジャストサイズの洋服で厳しく毎日を自己管理する。**これが体形のちょっとした変化にいち早く気づく簡単な方法です。食べ過ぎたからといって、すぐにベルトの穴をずらすのではなく、身体を洋服に合わせる意識と毎日の習慣が、体形を崩さない秘訣《ひけつ》です。

65

1日3回のうがい、手洗いを続けるだけで、仕事に穴があかなくなる

2020年の初頭以降、世界中で新型コロナウイルスが猛威を振るっています。マスクの着用とうがい、手洗いの徹底が日常の常識になりました。日本では、うがい、手洗いは子どもの頃

から家庭でも、学校でも日常的に教えられ、諸外国に比べると、違和感なく受け入れられていま す。

コロナ禍では当たり前になった**うがい、手洗いですが、ＣＡの世界では、以前から徹底して励行されています。**日本では考えられないような劣悪な衛生状況の国にステイし、現地の食べ物をとり、機内では不特定多数のお客様に接するフライト業務は、常に感染症の危険があります。

重度の感染症とはならないものの、食あたりや軽い食中毒とは、常に背中合わせです。特に、インドや東南アジアなどは、食べてはいけない食べ物がマニュアルに明記されています。東南アジアの屋台での食べ歩きや、暑い気候のインドで飲む冷たいラッシーなど、現地の食べ物を楽しむことは、旅の楽しみの一つではありますが、旅行者が楽しむような食事でも、ＣＡには厳しく禁止されているものも多いのです。

そんな環境下で有効なのが、うがい、手洗いです。古典的な予防法のようですが、現在のコロナ感染予防においても、基本的な予防として徹底が呼び掛けられていることを考えると、うがい、手洗いに勝る予防の手段はないのかもしれません。

うがい、手洗いは、冬場の風邪が流行る季節だけ行えばいいというものではありません。季節を問わず、通年いつでも、どんなときにでも行うものなのです。愚直にうがい、手洗いを励行していると、まず風邪をひかなくなります。私は元々身体が丈夫だということもありますが、ここ

20年余りの間、風邪をひいたことがありません。それは、1日3回以上のうがい、手洗いを欠かさなかったからだと自負しています。そのくらいうがい、手洗いには絶大な効果があるのです。

ビジネスパーソンとして、風邪をひかない丈夫な身体は、何にも勝る強力な資本です。寝込むほどではないけれど、風邪気味の体調では、仕事のパフォーマンスが大きく下がります。どれだけ仕事ができ、どれだけ優秀でも、健康でない限り、厳しいビジネス社会を乗り越えていくのは困難になります。

1日3回以上のうがい、手洗いは、手軽にできるお金のかからない健康の特効薬です。毎日のうがい、手洗いで強い身体の基礎ができ、それがビジネスに穴をあけない強い責任感を生み出します。そしてそれが積み重なると、強いフィジカルを持つビジネスパーソンとして一目置かれる存在になるのです。

66

身体に「入れる」以上に「出す」にこだわる

みなさんも「デトックス」という言葉を一度は耳にしたことがあると思います。

生理学的・医学的に体内にたまった有害物質や毒素を排泄《はいせつ》させ、本来身体が持つ力を取り戻し健康な身体に戻すことです。有害物質は、どんなに気をつけていても身体に入ってきます。例えば、たばこの副流煙や、お鍋や缶詰に使われているアルミニウムなどは、知らないうちに身体に取り込まれているといわれています。健康のためには、これらを積極的に「出す」必要がありま す。

日々の食事においても同様です。栄養は「入れる」必要がありますが、同時に取り込まれた不要なものは、徹底的に「出す」ことです。

スキンケアも同様です。洗顔後、化粧水から始まり、保湿、美白、しわ、たるみなど機能別の美容液を塗りたくり、最後は栄養クリームなどと「入れる」ことばかり考えていると、実は吹き出物が出たり、肌が揺らいできたりするのです。これは「入れる」ことを優先し、「出す」ことが追い付かない状態になっているから起こることです。スキンケアの効果を最大限引き出すには、「出す」状態を作るクレンジングを念入りにすることが不可欠です。

身体のためにも、肌のためにも、「入れる」ことより、「出す」ことが重要です。「出す」流れが滞ると、悪い物質も流れ出なくなり、体内に留《とど》まるからです。

最近では、「出す」ことに着目し、入れずに出す「ファスティング」が注目されています。短期間行う断食のことです。腸内環境が改善され、体調が整うといわれています。

このように、健康のためには「出す」ことがポイントです。CAは「入れる」ことに貪欲です。食事も、新鮮で美味しいものには目がありません。美容も、いいと評判の化粧品や流行の美容法は積極的に取り入れます。

だから、その分「出す」ことにもこだわりを持っています。

一番は、便秘をしないことです。適度な運動を日常化したり、サプリメントで腸を整えたりして、便秘をしない生活を心掛けます。そして、老廃物を汗として排泄することです。湯船にゆっくり浸かったり、サウナに入ったり、運動したり、積極的に汗をかきます。

これは女性に限らず、男性にも言えることです。男性は女性に比べて代謝がよく、「出す」ことが比較的スムーズに行われているようですが、油断は大敵です。「出す」ことを意識しないと、脂肪をため込んだり、アルコールをとりすぎて、肝臓に毒をため込んだり「入れる」に偏りがちになってしまいます。

「出す」ことにこだわりを持つと、必要なものは自然と入ってくるものです。巡りの良いしなやかな身体は、徹底して「出す」ことで作られるのです。

67

細菌と共存し「除菌しすぎない」ことが、グローバルに活躍できる秘訣

世界中で猛威を振るう新型コロナウイルス。未知のウイルスとの闘いで、世界が混乱しています。経済活動の停滞、ひっ迫する医療現場、失われる命が増え続ける現状に、各国のリーダー達も必死で対応しています。

日本は世界の中で突出して衛生環境が良い国です。水道の水は安心して飲むことができます。清掃状況にもよりますが、駅の公衆トイレも概《おおむ》ね不便なく使用できます。予防接種なしでは命の危険が伴うような感染症もありません。

現代においても、日本ほど衛生上安全で、安心して暮らすことのできる国は他に見当たらないのではないでしょうか。先進国アメリカ、ニューヨークでさえ街のど真ん中でネズミを見かけたり、ヨーロッパでは、水道水は飲むこともできません。パリなどは道路のあちこちに始末されない犬のフンが転がっています。

日本人は無類の清潔好きと言われているのも、家では靴を脱ぎ、帰宅後はうがい、手洗いを励

行し、毎日湯船に浸かるといった昔ながらの生活習慣の所以《ゆえん》ですね。

綺麗好きで清潔な環境を保つことは、とても素晴らしいことなのですが、**行き過ぎた潔癖症は逆効果**なことがあります。

CA時代、私のグループに超がつくほどの潔癖症がいました。彼女は、誰が触ったかわからないものには一切触れたくないという性格です。そのあたりの感覚がまるで理解できない私は「そんなに潔癖でよくCAやってるなぁ」と思ったものです。

彼女はステイ先のホテルに入る時も、まず除菌です。ドアノブから洗面所、備え付けのコップ、テレビのリモコン、ライトのスイッチなど、手が触れるありとあらゆるものを除菌スプレーで徹底的に消毒するのです。極めつけは、誰が座ったかわからないベッドには腰を掛けることもできないというのです。フライトを終え、一人ホテルの部屋に入った途端、まずは制服のままベッドに飛び込み、しばらく横たわっている私には考えられないことです。

ホテルのベッドカバーは毎回洗濯をしていないというのが彼女の持論で、ベッドカバーをすべてはがし、持参したシーツに取り換えるのがルーティンになっているようでした。当然タオルも日本から持参したマイタオルしか使いません。

そこまで徹底した潔癖症は後にも先にも見たことがありません。そんな彼女ですが、**日常的に徹底した除菌をしているにもかかわらず、季節が変わるごとに風邪をひく**のです。

科学的根拠はわかりませんが、私は持論として、「異常なほどの除菌のし過ぎは身体を弱くする」と思っています。免疫力を高めるには、菌の力が必要です。私の25年間のフライト生活で、体調不良で仕事を休んだのはたったの3回です。強い身体でいられたのは、身の回りにある見えない菌とバランスよく付き合えたおかげだと思っています。

健康でグローバルに活躍する強い心身には、多少のことは気にしない「いい加減」な生き方と、細菌も味方につける図太さも必要です。

68 季節の変わり目には、「食べ物」「着るもの」「行動習慣」への備えを万全にする

日本には、美しい四季があります。

古来、四季折々の草花や、季節の旬の食材をふんだんに使った食事を楽しみ、春夏秋冬の歳時のイベントに自然を慈しむ暮らしがありました。

最近は地球温暖化の影響で、極端に春と秋が短くなり、かつてほど季節の移ろいを実感するこ

とが少なくなってきた気がします。

季節感は変わってきましたが、昔から変わらず語り継がれていることがあります。

それは、**「季節の変わり目には風邪をひく」**ということ。これは風邪に限ったことではありませんが、季節の変わり目には、体調を崩しやすいということのたとえでよく使われています。気象や気圧の変化で体調を崩したり、持病が悪化したりすることは、「気象病」や「お天気病」などと呼ばれ、実際に身体に不調をきたすことも医学的に立証されています。

誰もが体調を崩しがちな時期においても、できるビジネスパーソンは、常に元気でパワフルです。季節の変わり目ごとに風邪をひくようではビジネスの世界では通用しません。

元々の身体が丈夫かそうでないかではなく、エグゼクティブには体調を管理することが問われています。体調を管理し、常にベストな体調を保つことはエグゼクティブの最低条件です。

弊社が主催する「エグゼクティブスタイル」という経営者のサロンがあるのですが、ここに集まる経営者も、皆様いつお会いしてもお元気で、「疲れた」という言葉すら聞いたことがありません。「いつ休んでいるんだろう」と心配するほど多忙を極める経営者の皆様ですが、常にパワフルで、超人的です。それは、自分を厳しく管理しているからに他なりません。

CAも厳しい自己管理が求められる世界です。季節の変化は、季節の変わり目だけではありません。フライトで訪れる国は、日本は夏でも、南半球では冬、またその逆もあります。１日で急激な季節の変化を体感します。この気候の急激な変化を元気に乗り越えるためには、日頃の「備え」が必要です。

それが、「食べ物」、「着るもの」、「行動習慣」への備えです。

「食べ物」は**旬な食材**を使った美味しくて栄養豊富なものを、好き嫌いなくバランスよく積極的にとること。「着るもの」は、気温の変化にすぐに対応できるよう、**脱ぎ着が簡単にできる服装**を心掛けること。そして、「行動習慣」は、前にも述べた**うがい、手洗いを通年を通して徹底して行い、身体を温め、疲れを残さないよう入浴する**など、日々の生活様式や行動を丁寧に行うだけで、「備え」が整います。「備えあれば憂いなし」は、季節の変わり目の不調にも威力を発する対処法です。

69 自分の体の小さな違和感に敏感になる

人は、自分のことをわかっているようで、意外とわかっていないものです。

自分はこういう人間だと思っていても、他人は全く違う印象を持っていたということも多いものです。

性格や印象だけでなく、体の状態も同様です。明らかに不調を感じるときは用心し、それが続くと、「どこか悪いのかもしれない。病院に行って診てもらおう」となるのですが、自覚がない場合は、自分の身体で起こっていることがわからず、病気が進行してしまっているという事態になることもあるのです。どれほど健康に気をつけていても、病気になるときはなるものですが、自分の体の状態を把握するためには、体と対話することが必要です。

体と対話する。つまり、自分の体とコミュニケーションを取ることとです。

バリバリと仕事をこなすビジネスパーソンは、自分でも気がつかないうちに無理をしてしまいがちです。健康であればあるほど、過信してしまうものです。少しくらい疲れていても、「寝れば大丈夫」と放置していると、無意識のうちに疲れも蓄積していきます。

エグゼクティブは、気にしなくていいほどの体の小さな違和感に敏感です。小さな違和感を放置したら、大きな代償を支払うことを知っているからです。

体が発する小さな声に、素直に耳を傾けなければいけません。「ちょっと喉がおかしいな」と感じたら、加湿する。うがいの回数を増やす。「ちょっと腰が痛いな」と感じたら、作業する姿勢に気をつける。ストレッチをする、など。自分の体と常にコミュニケーションを取り、**体が発**

する小さな異変を放置することなく、丁寧に応えていくことです。特別な異変でなく、日常的に起こる、ちょっとした体の違和感を丁寧につぶしていくのです。そして、それを徹底し、習慣化することが重要です。

神経質になる必要はありません。少し調子が悪いくらいで、その度に大病を疑っていると、精神的に参ってしまいます。気持ちはおおらかに、「いつもと違う何か」を発している体に丁寧に向き合うだけでいいのです。

コミュニケーションは、対話です。人間関係におけるコミュニケーションも、一方的に話すだけでなく、相手の意見を良く聞くことから始まります。体の発するシグナルを丁寧に聴くことが、体とコミュニケーションを取る第一歩です。

折れない心は、体のベストコンディションがベースです。最高の健康管理は、自分の体の声に耳を傾け、上手にコミュニケーションを取ることから始まります。

第4章

理不尽・クレームが怖くなるコミュニケーション術

笑顔のCAを見ているだけでは気づかないかもしれませんが、**日々のフライトにおいて、意外に多いのがお客様からのクレーム**です。サービスの不備や接客態度へのお叱り、飛行機の設備や遅延などに対するクレームまで、様々なクレームがあります。

クレームは、誰にとっても愉快なことではありません。できれば避けたいものですが、理不尽なことでお怒りのお客様をどのように鎮め、具体的にどのように対処しているのか。チームでクレームに対処するにはどうすればよいのか、クレーム対応を成功させるためのポイントなど、**クレーム対応が怖くなくなる秘訣《ひけつ》**があります。

トラブルを引きずって、自分のメンタルまでやられないようにする考え方や習慣のコツもあります。

また、CAには、サービス要員としての役割の他に、保安要員としての役割もあります。一般的にあまりイメージされないのが、保安要員としてのCA像です。

私はJALで管理職CAだった頃、新人CA採用試験の面接官をしていました。受験生に「なぜCAになりたいのか」志望動機を伺うのですが、「保安要員になりたい」と語った受験生に出会ったことがありません。

このように、世間ではＣＡは保安要員よりもサービス要員としてのイメージが強いのですが、実際は、「お客様の安全を守る」という意識を強く持ち、日々フライトしています。安全はあって当たり前、「安全、安全」と安全を前面に出してしまうと、お客様が不安になります。だから安全に対する取り組みは、お客様に見えないところで確実に行っています。そこで必要になってくるのが、リスクマネジメントです。

リスクが起こる前に、可能な限りリスクをコントロールする発想は、すべての仕事にも役立ちます。

この章では、常にトラブルやリスク、クレームにさらされているＣＡが実践している対処法と、リスクを事前にマネジメントするヒントをご紹介します。

これで、あなたもトラブルやクレームに立ち向かう**「メンタルソルジャー」**になることができます。

70

思いもよらない反応や反響に対しては、①笑顔、②言葉がけ、③与える、の三つで対応する

自分がとった言動に対して、思わぬ反応や反響が返ってくることがあります。それがいい反応なら嬉しいのですが、悪い反応なら落ち込んでしまうこともあるのではないでしょうか。自分の言動に対して、相手がどのような反応を示すのかは、ある程度予測はつくものの、完全にコントロールすることはできません。こちらが意図したこととは違う受け止め方をされてしまうことも、往々にしてあることです。

自分がとった言動に対して、相手から思わぬ反応が返ってきたときの対応で、あなたの「品位」が問われることがあります。

先日、自宅近くのスーパーに買い物に出かけたときのことです。いつもよく利用するスーパーですので、言葉を交わしたことはないまでも、顔見知りの買い物客も数人いる中に、車椅子を利用されている男性がいらっしゃいました。年恰好《としかっこう》は60代前半というところでしょうか。まだお若く、車椅子をご使用されていますが、それ以外はなんでもご自分でできるというオー

ラを醸し出していらっしゃいます。その男性、スーパーのお惣菜《そうざい》コーナーで何かを取ろうと手を伸ばしているのですが届きません。そこに通りがかった若い男性が、それを取るのを手伝おうと無言で手を差し伸べたのですが、その車椅子の男性は、「自分でできるから大丈夫、結構です」ときつい口調で言い返したのです。あまりにもきつく聞こえる口調でしたので、私も驚いたのですが、若い男性も負けじと、「なんだよ、せっかく取ってやろうと思ったのによォ～」と怒りをあらわにしたのです。

このやり取りを間近で目の当たりにして、なんともやりきれない想いがしたのです。どちらの言い分もわからないではありません。人の好意を無にするような車椅子の男性の言い方も、せっかく善意で行った行為が台無しになるような若い男性の投げ捨てた言葉も問題があります。

円滑な人間関係を送るためには、相手から思わぬ反応が返ってきたときには、まずは、「笑顔」で対応することが大事です。笑顔には人の心を穏やかにする効用があります。相手が少々不快に思っていたとしても、笑顔を向けるだけで不快な気持ちが和らぐものです。

そして、次に必要なことは、**「言葉がけ」です。優しい気持ちがあったとしても、言葉がないと伝わりません。**この場合も「何かお手伝いしましょうか？」の一言があったら、状況も変わっていたかもしれません。

そして最後は、**「与える」です。これは、相手が望むものを与えるという意味だけでなく、必**

要な情報やわかりやすい説明をするということも含まれます。つまり、相手に対しての「敬意」と「思いやり」を与えるのです。

これは、長年接客業に携わってきた経験から身についた処世術です。

「笑顔」で「言葉」をかけ、最後は「与える」という人間関係を円滑にする「三種の神器」を使ってみてください。人間関係に苦手意識がある人にはおすすめの手法ですよ。

71 突然のピンチのときこそ、「正直」「誠実」に対応する

人生にはピンチがつきものです。そしてピンチと呼ばれるものは、何の前触れもなく突然襲い掛かってくることがほとんどです。「ピンチはチャンス」とは昔からよく言われていることですが、突然降りかかってきたピンチには、誰もが驚き、戸惑うことが多いものです。でも恐れることはありません。なぜなら、ピンチは本当に昔からの言い伝え通り、最大のチャンスになることが多いのです。

ＣＡ時代、成田からシカゴに向かう便に乗務したときのことです。シカゴ便は常に出張客で満席のビジネス路線です。ハワイなどの観光路線と違い、ビジネスパーソンの多い路線は、お客様もピリピリした仕事戦闘モード、ＣＡも粗相のないようにピリピリした緊張感で臨むフライトです。満席のお客様を乗せ、離陸のために滑走路の端まで移動し、まもなく離陸という瞬間に、コックピットの機長からチーフパーサーである私に連絡がありました。

「エンジンに異常が見つかったから、今からターミナルに引き返す。詳細はあとから説明するけど、チーフからお客様にアナウンスしておいて」とだけ告げられたのです。あまりにも突然の出来事で、頭は真っ白です。機体はすぐに方向を変えてターミナルに向かい始め、異変に気づいたお客様がざわつき始めています。通常このような状況は、まず機長がアナウンスするものなのですが、状況が緊迫しているとのことで、私がアナウンスを託されてしまったのです。

こういう場合は、事実だけをわかりやすく、迅速にお伝えすることが第一です。アナウンスでは状況を簡潔にお伝えしたのですが、それからが大変です。シカゴに着いたらすぐに商談というお客様も多数いらっしゃる中、「どうなってるんだ」「いつ出発できるのか」などの質問攻めに、何一つ明確なことを答えられない状況です。

どんな状況であれ、**突然やってきたピンチになすべきことは、まず「正直」であること**です。たとえ自分が不利になるようなことであっても、嘘《うそ》をついたり、ごまかしたりすることは絶対にあってはいけません。事実は事実として、正直にきちんと説明するのです。

そして、**ピンチにおいては、いつも以上に真摯に「誠実」に対応すること**です。誠実であるということは、自分の都合で物事を進めてはいけないということです。お客様お一人おひとり抱えている事情は異なります。できる限り、お一人おひとり個別に対応するのです。

最後は、**「リソースを最大限利用する」**ことです。**個人的に対処しかねる問題にも、組織として対応すればできることも多々ある**はずです。ピンチには、考えうるリソースは使い倒すくらいの意気込みで対処することです。

私の経験したエンジントラブルのピンチも、この3点をチーム全員で徹底したことで、大きなクレームに発展することなく、最後には、「やっぱりＪＡＬだね」というお褒めの言葉までいただくことができたのです。ピンチをチャンスに変えるためには、はずしてはいけないキモがあるのです。

72

困難の先行きがわからなくても、口癖は「大丈夫、大丈夫！」

ＣＡはサービス要員であると同時に保安要員でもあります。サービスについて研鑽《けんさん》することは当然ですが、同時に緊急事態が起こった場合に備えて、日頃から厳しく訓練されています。年に一度、緊急避難訓練を受けるのですが、これが非常に厳しい訓練で、学科試験と実技訓練があり、合格点に達しない場合は、即、乗務停止となります。

モックアップと呼ばれる実際の飛行機と同じ仕様の訓練室を使い、様々な緊急事態を想定して脱出訓練を行うのですが、脱出手順にも事細かな決まり事があります。そして、**いざ飛行機から脱出となったときに、ＣＡがお客様に向かって叫ぶ第一声も決められています。**

その第一声が、**「大丈夫、落ち着いて！」**

危機迫る状況で、力強く「大丈夫！」と言われると、とても頼もしく、どこか安心感を覚えるのではないでしょうか？

航空機事故は、命の危険が迫り、不安と恐怖で体が硬直してしまうような状況です。そんな緊迫した、誰もがパニックに陥っている状況では、心を落ち着かせ、気持ちを奮い立たせる「大丈夫」という言葉はとても効果的とされています。これは、お客様の気持ちを落ち着かせ、安心感を与えるためだけではなく、CA自身も冷静に行動できるよう、自分の気持ちを奮い立たせる「大丈夫」でもあるのです。だから緊急脱出の際、CAがゆっくりと、そして客室に響き渡るような大きな声で、「大丈夫、落ち着いて！」と叫ぶよう訓練されています。

緊急脱出ほど緊迫した状況ではなくとも、日常業務において、ちょっとしたトラブルやミスはつきものです。トラブルやミスによりパニックになっているときは、自分を見失っているときです。

そんなとき、力を貸してくれる言葉が、「大丈夫」です。困難な状況になったときは、まず自分に向かって「大丈夫」と声をかけるのです。心の中で、「大丈夫」と叫ぶのもいいのですが、自分に言い聞かせるように声に出して「大丈夫」と言ったほうが効果があります。**「大丈夫、大丈夫」を口癖にしていると、気持ちが冷静になり、力も湧いてくる**ものです。そして、これは自分だけでなく、人を勇気づけるときにも有効です。パニックになっている人、焦っている人などに、「大丈夫」と一声かけてあげるだけで、相手の気分も落ち着きます。このとき「大丈夫?」と聞いてはいけません。「大丈夫?」ではなく、あくまでも「大丈夫!」と力強く言うのです。

73 クレーム対応は迷っている「1分」が命とり

クレーム対応には、「迅速性」が求められます。

みなさんは、乗っている電車が急に止まり、何の案内もなく待たされることになったら、どう感じますか？　最初は、「あれ？ どうしたのかな」程度で様子をみているのですが、段々と「大丈夫かな？」と不安になり、最後は、「なんでアナウンスしないんだ！」と、車掌さんの対応に怒りを覚えるようになるのではないでしょうか。

時間にしてたった1分や2分のことです。そんなに長い時間待たされたわけではないのですが、**気持ちに余裕がないときや、イライラしているときの「1分」は、実際よりも長く感じる**ものです。

実は、**この「1分」がクレーム対応の成否を左右します。**

クレームに対応する場合は、いつも以上に「時間」に敏感にならなければいけません。なぜなら、クレームする側とクレームされる側の「時間」の感覚が違うからです。

まずは、お客様を「待たせる時間」、お客様にとって「状況がわからない空白の時間」を極力少なくすることです。

例えば、電話でクレームを受けたときなどは、状況を確認するために通話を保留にすることがあります。**「しばらくお待ちください」と言って保留にするのですが、この「しばらく」が曲者**です。あなたの「しばらく」と相手の「しばらく」の時間的感覚は、かなり違います。特に、クレームの場合は、相手の気持ちも高ぶっていることが多く、少しの時間でも待たされるとイライラが募るのです。**お待たせする時間は、せいぜい1分が限度**です。それ以上待たされると、クレームの不満に加え、待たされたことに対して別のイライラが増していきます。

クレームを受ける側の事情もありますが、まずはお客様をお待たせしないことが最優先です。もしお待たせするような場合には、「時間の目処《めど》」を具体的に伝えることが重要です。

電話の場合、「しばらくお待ちください」ではなく、「確認して○○分後に折り返しお電話いたします」です。そして、確認の途中であっても、約束した○○分後には必ず連絡をすることです。

クレーム対応は、スピードが勝負です。初動の対応を間違えると、解決にも時間がかかります。解決が長引けば長引くほど、お客様のイライラも大きくなっていきます。「待たせない」「空白の時間を作らない」を基本として、普段から「時間」の感覚を研ぎ澄ませることです。

たったの「1分」。でもその「1分」を無駄にしてしまうと、クレーム対応では命とりになりかねないのです。

74 相手の言いがかりには、絶対に途中で口を挟まない

「そんなつもりはなかったのに！」

みなさんも、日々の生活の中で、こんな風に思ったことがあるのではないでしょうか。日常生活の中には、ちょっとした誤解や勘違いなどで、物事が意図したこととは違う方向に進むことがあります。そういうときには、反論して早く誤解を解きたいと思うものです。

ビジネスシーンにおいても同様です。全く悪気はないのに、相手に迷惑をかけてしまったり、相手に不快感を与えてしまったりすることは、往々にしてあることです。

CA時代、ロスアンゼルスにフライトしたときのことです。

ミールサービスが終わり、エコノミークラスの責任者が、チーフパーサーである私のところに

客室の状況を報告に来ました。

「『チーフパーサーを呼べ』と怒っていらっしゃるお客様がいます」という報告です。事情を聴いてみると、担当していたCAが、お食事前のお飲み物を伺い忘れたことが原因らしいのです。エコノミークラスの責任者が謝罪しても、お怒りが収まらず、「チーフパーサーを呼べ！」というまでに事態が発展していました。

サービスのプロとして、あってはならないことなのですが、実はこのケース、注意しないと起こり得ることなのです。エコノミークラスは、CA1人につき、50〜60名のお客様を担当します。座席も多く、客室前方から順番にお飲み物やお食事を伺うのですが、一度に色々な飲み物を頼まれ、それに対応しているうちに、ついお客様をスキップしてしまうことがあるのです。意図も悪気もない、ただの不注意です。今回クレームを受けたCAには詳しく状況を聞き、不注意を指導して、お怒りのお客様のもとへ謝罪に向かいました。

お客様は、「CAに無視をされた」の一点張りで大激怒です。担当したCAには無視をする意図も、無視をする意味もないのですが、お客様はそう受け止めてしまったのです。

かたくなになった気持ちを、柔らかくするには、時間がかかります。**意図せず起こった誤解には、すぐに言い訳や反論をしてしまいがちですが、ここで絶対にやってはいけないことは、「相手の話している途中に口を挟む」こと**です。

相手が話している最中に、一言でも言い訳がましいことを言ってしまうと、相手の怒りはますます大きくなります。それが、正論であっても通用しません。

こういう場合は、**相手の言い分を黙って聞くことです。口を挟まず、黙って真摯に聞いていると、不思議と相手の怒りは収まってくる**のです。こちらの言い分や説明は、それからです。

このケースも時間はかかりましたが、お客様の想いをすべて吐き出してもらい、言い分をじっくり口を挟まず聞いたことで、最後は笑顔で、「ありがとう」の言葉までいただけたのです。

まずは、「口を挟まず」相手の怒りに真摯に向き合うことで、最後は相手も自分もハッピーに、ストレスも解消していくのです。

75　相手の怒りには、ゆっくり大きくうなずく

みなさんは、人と話をするとき、「相づち」を意識したことはありますか？

「相づち」は、円滑なコミュニケーションを取るための手段の一つです。コミュニケーション研

修でも、「相づち」の打ち方を指導するのですが、適切に「相づち」を打つことは、「あなたの話をちゃんと聞いてますよ」というメッセージの役目も果たしてくれます。

言葉以外で相手に気持ちを伝える「ノンバーバル（非言語）コミュニケーション」と言われるもので、相手に好印象を与えるビジネススキルの一つです。

相づちは、ただ打てばいいというものではありません。適切でない「相づち」は、「あなたの話をちゃんと聞いてますよ」どころか、「この人、私の話を適当に聞いてるな」と思われてしまうのです。**適切な「相づち」のポイントを、四つ**ご紹介しましょう。

一つは、**タイミング**です。相手の話す内容や話の途切れたタイミング、「そうですよね」とか「そう思います」など、相手が確認を求めたり、質問したりするタイミングに合わせます。

二つ目は、**スピード**です。「うんうん」と早いスピードで打たないことです。

そして三つ目は、**回数**です。早いスピードと共に、何度も何度も首を振らないことです。

四つ目は、**首を振る深さ**です。首だけをペコペコ下げるのではなく、ゆっくり大きく深くうなずくイメージです。

適切な「相づち」は、相手に親近感を与え、コミュニケーションを円滑にします。

普通の状態で相手が話をしているときはこれでいいのですが、「怒り」の感情を持っているときには、工夫が必要です。

「怒り」を表している相手に対しては、きちんと相手の目を見て、まずはゆっくり大きく深くうなずきます。うなずくタイミングは絶対に外してはいけません。相手の話の要点に合わせて、ゆっくり、大きく、深くうなずくのです。

これをしばらく続けていると、相手は、自分が怒っていることをわかってくれている、何に対して怒っているかを理解してくれていると感じ始めます。これができれば、「怒り」の対処法第一段階はクリアです。

そして、**相手の話が進んできたら、徐々にうなずく回数を増やし、小さく速くしていく**のです。

大切なことは、「あなたが怒っていることを、きちんと受け止めてますよ、逃げていませんよ」ということが、相手に伝わることです。「相づち」は相手に対するあなたの姿勢を表します。

たかが「相づち」、されど「相づち」。ノンバーバルコミュニケーションは、言葉を発しなくてもあなたの気持ちが相手に伝わる「武器」でもあり、使い方を間違えると取り返しがつかなくなる厄介な「凶器」にもなります。

相手が「怒り」の状態のときは、特に取り扱い注意です。

76

不平不満を持つ人には、哀しい表情で対応する

ＣＡ時代、憧れの先輩がいました。私より8歳年上で、仕事ができる素敵な先輩です。ＣＡの鑑《かがみ》と思われるほど、笑顔が素敵で、常に微笑《ほほえ》んでいる印象を人に与えています。前に述べたように、「一期違えば虫けら」の上下関係が厳しいＣＡの世界で、かなり後輩の私にも、いつも気にかけて、声をかけて下さる優しい先輩でした。「彼女はどうしてあんなに素敵なんだろう」と色々観察を重ねたのですが、答えは、「口角」にありました。口角が上がっていると、微笑んで見えるのです。笑っていないときでも、口角が上がっているだけで、笑顔の印象になります。

表情が穏やかに見える人には、人が集まってきます。当然、お客様にも人気の先輩でした。

そんな素敵な先輩ですが、お客様から強烈なクレームを受けたことがあります。その原因が、皮肉にも「口角」だったのです。

ミールサービスはお食事のチョイスができます。エコノミークラスでも2種類からお好きなお食事をお選びいただくのですが、搭載数には限りがあります。人気のメニューは、すぐになく

なってしまい、すべてのお客様がご希望通りのお食事を召し上がれないことも多いのです。このときも、ご希望のお食事がすべて出てしまい、お断りしなければいけなくなった状況で、その先輩が謝罪しているときに起こりました。

「謝らなければいけないときに、何を笑っているんだ」

そう言って、お客様が激怒されたのです。その先輩は、笑っているつもりはなかったのですが、口角が上がっていたので、笑っているように見えたのです。ＣＡにとって最高の武器になるはずの笑顔が、お客様の怒りを買うなんて、なんとも皮肉なものです。

この件以来、**表情の作り方の訓練**が始まりました。**表情にもＴＰＯが必要です。**特に、不平不満を持つ人に対して謝罪するようなときには、謝罪に見合った表情でないと、謝罪の気持ちが伝わらず、かえって事態がこじれてしまうことになりかねません。

人間の感情を表す「喜怒哀楽」。**謝罪には、徹底的に「楽」を消し、「哀」の気持ちを相手に伝えることです。**この先輩も、謝罪しなければいけない場面で、そのつもりはなくても、「楽」の表情が相手に伝わってしまったのです。

この先輩は、口角が上がっているために、笑っている印象を与えてしまいましたが、怒っていないのに怒って見える、普通にしているのに、不機嫌に見えるなど、人それぞれの顔の造形で人に思わぬ印象を与えていることもあるものです。だからこそ、意識して表情を作る訓練が必要なのです。

相手の「喜怒哀楽」に合わせて、「喜怒哀楽」の表情を作ることが、人間関係を円滑にする秘訣です。

77 クレーム対応に、手組み・腕組み・脚組みは厳禁

クレーム対応を成功させるための最大のポイントは、「態度」です。

「態度」と聞くと、胸を張ったり、脚を組んだりなど、目に見えるそぶりや振舞いをイメージしますが、そぶりなどの動作はもちろんのこと、表情や言葉、心構えや身構えなど、その人の内面が表れる動作すべてのことをいいます。

クレームを受けるのは、相手がネガティブな感情を持っているときです。そんなときに、取るべき「態度」を間違えてしまうと、相手の怒りが静まるどころか、ますます怒りに火をつけてし

まうことになりかねません。「態度」は、バカにできないのです。

「態度」は、言葉以外で相手に思いを伝える「ノンバーバル（非言語）コミュニケーション」の一つです。「ノンバーバルコミュニケーション」では、言葉で説明する以上に相手に内面がダイレクトに伝わります。

CAが機内でクレームを受け、謝罪するようなときには、座っているお客様より目線を下げるため、しゃがみこんだ姿勢で対応します。必然的に、脚を組んだり、腕を組んだりすることはできない姿勢ですが、**クレーム対応のときには、手組み、腕組み、脚組みは厳禁**です。

上位職の方は、自分では知らず知らずのうちに、腕を組んでいる人が見受けられます。日頃の態度は、無意識に出るものです。**腕を組むという所作は、相手を拒絶している心の表れ**です。

そんな態度をクレームに対応するときにとってしまったら、その時点でクレーム対応は失敗に終わります。手を組むことや脚を組むことも同様です。テーブルの下だから脚を組んでいても相手にはわからないだろうという考えもご法度です。心構えは必ず相手に伝わります。

「う〜ん」と考えているときなどに、つい腕を組んでしまいがちですので、注意が必要です。気持ちは、表情に表れ、態度に表れます。それが、「ノンバーバルコミュニケーション」として無言のメッセージになり、相手に伝わるのです。

クレームに対応するときは、まずは真摯な態度で臨みます。クレームを受けることは、誰しも気が進まないものですが、「嫌だなぁ」とか「面倒くさいなぁ」とか「いいなりにはならないぞ」など最初からネガティブな気持ちで臨むと、それが態度に表れます。

クレーム対応時の真摯な気持ちというのは、「まずは、あなたの言い分を素直に伺います」という姿勢です。それがきちんと相手に伝わらないと、相手の気持ちも和らいでいかないのです。

クレーム対応は、手組み、腕組み、脚組みのすべての「組み」をときほどいて、相手の言い分を聞き入れる「態度」を相手にきちんと示すことです。それによって、相手も心を開き、クレームも素早く消えてくれるのです。

78 クレーム対応成功のポイントは、「あご」の位置

みなさんは、日頃から自分の姿勢を気にしていますか？

ビジネスマナー研修でも、正しい立ち姿を身につけてもらうのですが、まっすぐ立っているつもりでも、どちらかの肩の位置が下がっていたり、頭が傾いていたり、膝が曲がっていたりと、

指摘するところがない人はほとんどいないのが現状です。

背筋をまっすぐ伸ばし、常に正しい姿勢でいる人は、それだけで礼儀正しく、さわやかな印象を人に与え、魅力的に見えます。

頭が傾いたり、どちらかの肩の位置が下がっているような、自分でも気がつかないような体のクセは、長い間に身についたものです。日々の生活でよほど意識をしない限り、簡単には直らないものです。

そんな体のクセの中で、意外と見落としがちなのが、「あご」の位置です。

「あご」の位置は、まっすぐ前を向き、まっすぐ伸ばした首にまっすぐ乗っていることが正しい位置です。少しわかりにくいですが、「あご」が正しい位置にあると、頭もまっすぐ、視線もまっすぐ前を見ている状態です。

「あご」が上がった状態にあるときは、頭が後ろにそれ、視線が上から見下ろす状態になります。これでは、不遜で、偉そうな印象を与えてしまいます。まさしく「上から目線」です。

逆に、「あご」の位置が下がっていると、頭が前に倒れ、視線が上目遣いになります。これは、相手を疑っているような印象を与えたり、自信がないように見えてしまいます。

意識をしていない素《す》の状態のときに、「あご」が正しい位置にない人が多いのです。

特に、**「あご」が上がるクセがある人は、要注意**です。そんなつもりはないのでしょうが、それだけで**相手を見下しているような印象を与えてしまう**のです。

そんな印象を与えていると、クレーム対応はうまくいくはずがありません。

どんなクレームであれ、クレームに対応するときは、誠実で謙虚な気持ちを持って、真摯に臨むことが鉄則です。相手に非がある場合でも、最初から「上から目線」で接してしまうと、解決するどころか、こじれてしまうことが多いのです。

必要以上にへりくだる必要はありませんが、最初から「上から目線」にならないように、気をつけるポイントは、「あご」の位置です。

「あご」の位置は、自分ではなかなか気がつきにくい落とし穴。気にしたことがない人は、一度チェックしてみてくださいね。

79 まずは相手の「不快な思い」を認める

ビジネスにおいて、クレームはつきものです。

クレームはないに越したことはありませんが、クレームが来た場合、避けて通れないのが「クレーム対応」です。

「クレーム対応」は、誰しも気が進まないもの。クレームの内容にもよりますが、事情を伺い、相手の不満を解消するためには、それなりの労力が必要ですし、ストレスもたまります。

CAとして、フライトをしていると、お客様からクレームをいただくことがあります。ご意見のようなものから、手が付けられないほどご立腹なさるケースまで内容は様々です。

フライト中にいただくお叱りは、主にCAの接客態度についてが多いのですが、中には理不尽なご意見を頂戴することもあります。

シカゴ線でビジネスクラスのお客様からいただいたクレームがあります。内容は、「後ろに座る子どもがうるさい、何とかしろ！」というものでした。そのお客様の後ろの座席には、若いお母様が二人のお子様を連れてお座りでした。3歳と6歳の男の子です。ただでさえ元気で活動的な男の子です。初めて乗る飛行機に大興奮で、眠る様子もありません。兄弟でゲームをしたり、床に寝転がったり、時々大きな声を上げて元気いっぱいなご様子です。基本的にビジネスクラスは、出張など仕事がらみのビジネスパーソンがほとんどですが、その日はいつものビジネスクラスとは、少し雰囲気が違っていました。

こういう場合、CAはお子様連れのご家族にも、周りのお客様にも配慮し、空席があれば、お子様とは離れた静かな座席にご移動いただくなど、快適にお過ごしいただけるよう工夫をするのですが、あいにくその便は満席です。どうすることもできませんが、ご立腹のお客様のお気持ちを何とか鎮めなければなりません。

「クレーム対応」が上手くいかない原因は、キチンと謝罪をしていないか、ただペコペコと頭をさげているかのどちらかです。キチンと謝罪していないというのは、言い訳をしたり、何に対して謝罪しているのかが明確ではなく、相手が納得できないことです。

後者の場合は、「申し訳ございません」をひたすら繰り返しているだけで、場合によっては、相手の不満が解消できず、怒りが増長することがあります。

クレーム対応は、事実を説明し、謝罪すべきは謝罪し、ご納得いただくことです。

このケースも、まずゆっくりお休みできない環境について謝罪し、満席で座席の移動ができないこと、お母様にご協力いただくこと、そしてCAがこまめにお子様の様子を伺いケアすることを丁寧に説明して、最後はご納得いただけました。

そして重要なことは、たとえ強いクレームであったとしても、明らかに相手に非がある場合は、むやみやたらと謝らないことです。かといって、一切の謝罪をしないという態度では、ますます事態はこじれていきます。そういう場合の第一声が、**「この度は不快な思いをさせてしまい、申し訳ございません」**です。**こちらに非がない場合やお客様が誤解しているような場合でも、お**

客様が「不愉快な気持ちになってしまったこと」に対しては、真摯に謝罪するのです。そうすることで、徐々にお客様の気持ちも落ち着き、冷静に話ができる状態になっていきます。

80 「すみません」「ごめんなさい」を使わない

「すみません」はとても便利な言葉です。

一つの言葉でいくつもの使い方ができます。謝罪するときの「すみません」は、もちろんのこと、レストランで店員さんを呼び止めるとき、「すみません。オーダーお願いします」。混んでいる電車の奥から降りるとき、「すみません。降りま〜す」。頂き物をしたとき、「いつもすみません」など、日常の生活において、多くの人が自然と口にしている言葉です。

「すみません」は、相手に嫌な思いをさせず、色んな場面で使える万能な一言です。

決して悪い言葉ではないのですが、**ビジネスパーソンが、「すみません」を乱用するのはいただけません。**

特にクレームに対応するようなときには、「すみません」ではカジュアル過ぎます。クレームに限らず、**謝罪には、「申し訳ございません」が基本**です。

同様にカジュアルな言葉として、「ごめんなさい」があります。これも謝罪のときによく使う言葉ですが、「すみません」よりさらにカジュアルな印象を相手に与えてしまいます。

私は、打ち合わせなどでホテルのラウンジを利用することが多いのですが、星がいくつも付くような老舗ホテルで、スタッフから「ごめんなさい」の言葉が出ると、本当に残念な気持ちになります。気にしない人も多いのかもしれませんが、**ビジネスシーンでの「ごめんなさい」は相手に失礼だと思われてしまうことがあります**。職業柄、他人の接客態度は、どうしても厳しい目で見てしまうのですが、「ごめんなさい」の一言で、その人のビジネスパーソンとしての本質が、わかる人にはわかってしまうのです。

ビジネスシーンにおいては、「すみません」でも、「ごめんなさい」でもなく、「申し訳ございません」を基本とすることです。

「いつもそんなにかしこまった言葉を使わないといけないの？」と思われたかもしれませんが、正式な謝罪、クレーム対応のときには、「申し訳ございません」以外は、通用しないと心得たほうが無難です。

では、もう少しカジュアルなシーンでちょっとしたことで謝罪する場合、例えば、**ちょっとし**

たミスをしてしまったり、体がぶつかったような場合は、「失礼いたしました」と言うことができれば、とてもスマートです。

有能なビジネスパーソンは、普段から謝罪の言葉を上手に使い分けています。言葉には、ビジネスパーソンとしての「礼節」のレベルが如実に表れます。そして、その実力はクレーム対応のときに試されます。普段から「すみません」、「ごめんなさい」が口癖になっている人は、要注意です。

81 相手の感情を和らげる「クッション言葉」の効用

社会には、多くのルールがあります。その中でも、航空機内には電車やバスに比べて多くのルールや制限があります。

たとえば、離着陸時シートベルトサインが点灯すると、化粧室には行けません。離着陸時は、座席の背もたれやテーブルも元の位置に戻さなければいけません。機内では喫煙もダメ、携帯電話も電波を飛ばしてはダメ、手荷物も前の座席の下に入れないとダメ……など、「ダメ」が多い乗り物です。

安全にかかわるそれらの制限やルールにお客様に従っていただくことで、安全な運航ができるのですが、ときに思わぬクレームを受けることもあります。

着陸の前は、座席のリクライニングを元の位置に戻すというルールがあります。たとえお客様が熟睡されている場合でも、必ずお声かけして座席を元の位置に戻してもらうのですが、残念ながらこのときのCAの言葉遣いで、クレームに発展することがあります。

「まもなく着陸いたします。お座席の背を元の位置にお戻し下さい」

これは、間違った言葉遣いではないのですが、**この一言がクレームの引き金になることがある**のです。特に機内では、安全上のルールをお客様に依頼するときに、お客様がご立腹されることがよく見受けられます。表情が怖かったり、口調がきつかったりと様々な要因が重なるのですが、一番の原因は、ストレートにものを言うことにあります。

人はわかっていることを、唐突に、厳しい口調で言われると、カチンとくるものです。**ダイレクトに「○○して下さい」という言い方は、「お願いを命令する」言い方**です。声のトーンや口調によっては、とてもきつく聞こえることがあります。それではお客様が不快に思うのも無理はありません。

特に、何かを依頼するときやお断りするとき、また異議を唱えるときなど、こちらの意思をはっきりと伝えなければいけないときには注意が必要です。

そんなときに役立つのが、「クッション言葉」です。ビジネスマナー研修などで耳にしたことがある人も多いのではないでしょうか。ストレートにものを言うと「角」が立つことを、和らげてくれる「クッション」のような役割の言葉を言います。「クッション言葉」を使うと、相手に嫌な思いをさせずに意思をはっきり伝えることができます。

この場合も、「お休みのところ恐れ入りますが、お座席の背を元の位置にお戻しいただけますか？」と言えば、相手もカチンとくることはなかったはずです。

この**「お休みのところ恐れ入りますが……」**が、**クッション言葉**です。**「誠に勝手ではございますが」**や**「あいにくですが」**、**「差し支えないようでしたら」**など、相手の気持ちを和らげる「クッション言葉」は使わない手はない、「マジックワード」です。

「クッション言葉」は、ライバルに圧倒的に差をつける「秘密兵器」になります。

82

クレームの際は、怒りを鎮める以上に「笑顔にさせる」を目標に

ビジネスにおいて、思わぬクレームが来た場合、みなさんはどんな気持ちになるでしょうか。「何が悪かったのかな」とか、「そんなつもりはなかったのになあ」とか、「どうしよう、上司に怒られるなあ」とか、様々な思いが駆け巡るでしょう。そして、お客様のクレームの内容を確認し、謝罪や説明をするという対応を進めていくことになります。

クレームの内容にもよりますが、お客様が烈火のごとく怒りをあらわにされるような場合、こちらも戸惑い、ときに恐怖も感じながら、何とか取り繕って怒りを鎮めようとするものです。

チーフパーサー時代、今でも忘れることができない強烈なクレームをいただいたことがあります。原因は、部下のサービス態度にありました。ビジネスクラスでおしぼりをサービス中、おしぼりを投げるように置いていったと激怒されたのです。始めから部下をかばうつもりはありませんが、いくらなんでも、おしぼりを投げて渡すということは、常識的に考えてもあり得ないことです。部下に事情を確認したところ、そのお客様は雑誌をお読みになっていたので、あとからお

使いになれるよう、おしぼりをサイドテーブルに置いたとのこと。

その置き方がお客様から見ると、投げるように置いたと見えたらしいのです。部下はそんなつもりはなかったとしても、お客様がそう感じたのであれば、激怒されても当然です。

呼ばれた私にも、罵詈雑言《ばりぞうごん》の嵐です。「アイツは何だ！　お前は上司だろう。どういう教育をしてるんだ！　だからJALはダメなんだ！」と怒りが収まらず、ますますエスカレートするばかりです。余程腹が立ったのでしょう。周りのお客様も驚くほど怒り心頭です。このように、客室内でチーフパーサーが対応するクレームは、大半がメンバーが原因で受けたクレームです。私の個人的な非ではなく、現場に居合わせたわけではないため、本当の状況もわかりません。

そんな状況で、**私がクレーム対応をするときに、いつも目標にしていたこと**があります。

それが、**「このお客様を、絶対に笑顔にしてみせる」**ということです。怒りを鎮めるだけであれば、ある意味簡単です。でも、怒り心頭のお客様を「笑顔にさせる」ことは、並大抵のことではありません。クレームは、サービスや商品を提供する側のちょっとしたことが引き金で起こりますが、背景には、「気分がむしゃくしゃしていた」とか、「仕事が上手くいかない」などということが絡んでいることが多いのです。だから、その気持ちを吐き出してもらい、いつもの「笑顔」に戻してあげるのです。

このケースも、お客様の言い分をじっくり聞いていくうちに、サービスに対してだけでなく、ご自身のお仕事についてまで、色んな不満が次々と吐き出されました。その後、冷静になって、感情的になったことに対する謝罪まで口にされるようになりました。そして、最後は、「笑顔」で、「またJALに乗るね」と降機されたのです。

クレームには、お客様を必ず「笑顔にしたい」という純粋な気持ちが何より大切です。

83 耳の痛いクレームこそ、財産になる

クレームを受けることとは、落ち込んだり、凹《へこ》んだり、少なからず精神的なダメージがあります。仕事に真摯に取り組んでいる人ほど、ダメージも大きいものです。

クレームには、すべて何らかの原因があります。個人的な失敗や過失が原因になることもあれば、組織的な問題が原因になることもあります。またお客様の勘違いや誤解という場合も多々あります。

相手の勘違いや嫌がらせに近い言いがかりのようなクレームをもらったときは、気分は良くな

いものですが、いつまでもクヨクヨ考える必要はありません。その種のクレームをする人は、クレームをすることが目的であって、対象は誰でもいいからです。

真摯に受け止めなければいけないのは、サービスや商品に対する不満や不平のクレームです。

CAはサービスの仕方や振舞い、態度など個人的な原因で名指しのクレームをいただくことがあります。フライト中、その場でクレームされることが多いのですが、後日コメントカードやメールでご意見されることもあります。お客様がわざわざコメントカードやメールにしてまで、クレームするというのは余程のことです。

個人宛のクレームについては、その個人に事情を詳しく聞き、お客様に返答します。多くは、「そんなつもりはなかった」というのですが、たとえそうであっても、お客様が不快な気持ちを持たれたことには変わりありません。**クレームを受けた本人は、ショックを受けますが、その後どう仕事に向き合うかが問われます。**

個人宛のクレームは、突然突きつけられた自分の仕事への評価です。

「お客様が不快な思いをした原因は何だったのか」を真摯に振り返り、自分の言動を顧みることができる貴重な機会となります。

私の部下に、接客態度に対して痛烈なお叱りのコメントをもらったCAがいました。最初はひどく落ち込み、お客様に接することを怖がるまでになってしまいましたが、真摯に反省し、自分の接客態度を改めてフライトに臨んだ結果、半年後にはお褒めのコメントをいただき、社内表彰されたということがありました。

誰しも名指しでクレームを受けることは、嫌なものです。そこでお客様の生の声に耳を塞いでしまうのか、素直に聞き入れ改善していくのかによって、ビジネススキルは大きく変わります。**お客様の声は、どんなマニュアルよりも教科書よりも、本質をわかりやすく教えてくれます。**耳の痛いクレームこそ、あなたのメンタルを強くし、ビジネススキルを高めてくれる財産となります。

84

クレームを迅速に解決するためには、むしろ「部下を巻き込む」

クレームは、思わぬときにやってきます。個人に対するクレームであれば、原因の解明やその後の対応で解決できるのですが、組織として受け取るクレームは、何が原因かを分析し、解決する必要があります。

リーダーは、クレームや何かトラブルがあった場合、どうしても一人で解決しようと頑張ってしまいがちですが、クレームやトラブルこそ、部下を巻き込んで解決することが重要です。なぜなら、クレームやトラブルこそが部下を大きく成長させる糧となるからです。

ＣＡの組織は、グループ制で成り立っています。チーフパーサーをグループ長として１グループに約15名のＣＡが配属され、１年ごとにグループ替えが行われます。基本的に１年間は同じメンバーでフライトしますが、機種や路線によってＣＡの編成数が違うため、いつも全員が揃ってフライトするとは限りません。

私のグループの中にとても印象的な部下がいました。彼女はお客様とのトラブルが多く、クレームをいただくこともしばしばです。嫌なことがあると感情を素直に出してしまうので、お客様だけでなく、同乗するクルーの間でもトラブルが絶えません。「この子はＣＡに向いていない」と何度も思ったほどです。

あるフライトでビジネスクラスのお客様から、彼女の振舞いについてクレームがありました。手荷物を収納していただく際、命令口調で指示をし、割れ物が入った手荷物を雑に扱われたと強くクレームされたのです。お客様は烈火のごとくお怒りです。当然チーフパーサーである私に報告が来ました。チーフパーサーは客室の責任者です。責任者が謝罪したほうが、解決が早いのは当然です。でもあえてビジネスクラスの責任者とその本人にクレームの対応を任せました。

大変なのは、ビジネスクラスの責任者です。担当するエリアのお客様に自分もサービスをしなければいけません。他のCAが起こしたクレームに対応していると、自分が担当するエリアのサービスが滞ってしまいます。

そのビジネスクラスの責任者は、サービスが滞らないよう他のCAを配置し、お客様のクレームに対して、真摯に向き合いました。お客様のご不満を受け止め、クレームを受けたCA本人に反省を促し、ビジネスクラスを担当している他のCA達とクレームの情報を共有して、そのお客様に対してフライトを終えるまで全員が誠心誠意対応したのです。

最終的に、私が謝罪したときに、「あのCAの対応は本当にひどい。彼女にいくら謝られても許す気にはなれなかったが、○○さん（ビジネスクラスの責任者）が、本当に私の気持ちをわかってくれて、よくしてもらった。あなたはいい部下を持ちましたね」とねぎらいの言葉をいただいたのです。

どんなクレームに対しても、最後には必ず責任者が責任を負わなければいけません。でも、責任者が一人で解決するのではなく、部下を巻き込み、経験を積ませます。そして上手く解決できたら、部下に手柄を渡すことでチームの結束は強まります。クレームがチームワークを高め、良いチームワークはクレームをスムーズに解決するという好循環が生まれるのです。

85

無関心をやめる

最近は、人とコミュニケーションを取ることに疲れている人が多いと聞きます。同じ職場で働く者同士でも、必要最低限のコミュニケーションしか取らない人や、席が隣同士でもメールで会話する人など、コミュニケーションが希薄になっているのが現状です。

仕事帰りにお酒を飲みながら親交を深める「飲ミニケーション」が少なくなってしまったことも、最近の傾向です。

ひと昔前までは、社員旅行や、社内ボーリング大会などといったレクリエーションが盛んに行われ、社員同士の交流の場が積極的に設けられていたものですが、時代と共に、会社と社員、また社員同士の関係性も大きく変わってしまいました。

親しい友人や、仲間内では積極的な交流を持つのですが、会社の上司や目上の人とは、仕事以外では一線を引いて付き合う人が多いようです。デジタルネイティブと言われる１９９０年前後に生まれた世代は、生まれたときからインターネットが身近にある環境に育ち、コミュニケーションを取る手段が、対面の会話だけでなく、SNSを通して行われることが普通になっています。インターネットを通じて、人と知り合うことには抵抗がなく無防備ですが、対面でコミュニケーションを取ることが苦手な人が多いのです。

日頃からそういう環境にいると、人に対する関心は薄れてくるものです。仕事上必要な関わりは持つものの、それ以外は無関心。それでは、仲間意識は生まれません。

そして、何かが起こったとき、この「無関心」がリスクマネジメントの一番の障害になります。

CAの仕事は、チームワークで成り立っています。自分の担当する持ち場は決められていますが、持ち場内だけで仕事をするのではなく、同乗するクルーの持ち場を分担したり、手伝ったり、カバーしたりと、決められた枠を超えて臨機応変に動いています。

お客様に対してはもちろんのこと、同乗クルーにも、常に「関心」を持っているのです。「大丈夫かなあ」、「忙しそうだから、ヘルプに入ろう」とか、色々な角度から「関心」を向けています。

常に「関心」を向けていると、「普通の状態」がわかります。

「普通の状態」が「普通」でなくなったとき、トラブルやアクシデントが起こるのです。

リスクを回避するためには、「異常」をいち早く感じとることです。そのためには、「普通」を

知らないといけないののです。**「無関心」では、「普通の状態」がわからなくなります。**リスクマネジメントの最大の敵は、「無関心」です。「無関心」をやめることが、リスクマネジメントの最初で最大の一歩です。

86

「よけいな一言」がリスク最小化につながる

皆さんの周りに、「お節介だなあ」と思う人はいらっしゃいますか？　お節介までいかないものの、「いつも一言多いんだよなあ」と思う人は、少なからずいらっしゃるのではないでしょうか。

例えば、頼まれた企画書を作成しているところに、上司から、「頼んでた企画書、どうなってる？」などと確認が入るようなとき。職場ではよくあるシーンですが、やっているほうとしては、「まだ期限まで時間もあるし、今、やってるところなのに……」と、つい思ってしまうものです。

そして、「言われなくても、わかってる！」、「今、やろうと思ってたのに……」と子どものように、反論してしまったりするのですが、**リスクマネジメントでは、この「よけいな一言」がとても重要なポイントになります。**

保安要員としてのCAは、にこやかにサービスしているときでも、常に「安全」に対してのアンテナを立てています。

「何かおかしいな」と思ったら、すぐに言葉にして確認します。相手が作業中であっても、忙しそうにしていても、何か引っかかることがあれば、声にして確認するのです。

例えば、「ちょっと変な音がしない？」のような安全にかかわることはもちろんですが、「こんなところにグラスを置いたら割れちゃうよ」などの小さい危険につながるようなことまで意識的に言葉にします。

最初に「あれ？」と感じた小さな違和感や、「このくらい大丈夫だろう」、「わかっているだろう」という思い込みを見過ごしてしまうと、それが連鎖して積み重なり、やがて大きなアクシデントや事故につながっていくというヒューマンエラーの考え方があります。

大事故は、故障などの直接的原因だけでなく、それをコントロールする乗員の体調や機嫌などの人的要因も間接的に連鎖しているのといわれます。

その連鎖を断ち切る最初の一言は、実は、「どう？」「順調？」などのちょっとした普段の一言

なのです。大事故につながりかねない小さなエラーの連鎖を断ち切るためには、「よけいな一言」が力を発揮するのです。

かけられたほうは、「うるさいなあ」とか、「わかってるよ」と思うかもしれませんが、その一言で、間違いや思い込みに気がつき、リスクが回避されることもあります。

上司の、「頼んでた企画書、どうなってる?」の一言で、頼まれていたことを忘れていたことに気づくこともあります。「そういえば、提出期限はいつまでだったかなあ」と再度確認することもできます。

このように、「よけいな一言」が、小さなエラーの芽をつみ、エラーの連鎖を早い段階で断ち切る役目をしてくれるのです。

有能なビジネスパーソンは、たとえ相手に嫌がられても、リスクを管理する「よけいな一言」をスマートに発しています。

87

部下に「どう思う？」と声をかける

リーダーには、多くのタスクがあります。日々の業務管理はもちろんのこと、部下の指導や育成、人事評価から対外的な仕事まで、実に多くの役割を担っています。そのなかでも、働き方改革が叫ばれる近年は、社員が働きやすい環境を作ることもリーダーの大きな役割の一つになっています。

日本のビジネス社会は、「パワハラ」や「セクハラ」が取り沙汰されるように、今でも目上の人や役職が高い人が強い立場にあることが多いです。責任を負うという立場上、リーダーが強い立場にあることは致し方ないことですが、「上司が怖くて、何も言えない」というような職場環境は見直す必要があります。

リスクマネジメントは、普段と違う小さな気づきを感じ、声を上げることから始まります。**「上司が怖くて言えない」と部下が感じているようでは、チームとしての危機管理力が低くなる**のです。

飛行機は、機長と副操縦士のパイロットが2人で操縦しています。少し前までは、機長の言うことが「絶対」の世界でしたので、副操縦士が「言おうかどうしようか」と迷っていても、素直に言えない環境でした。

航空業界には、二人の関係性を表す「権威勾配」という言葉があります。

これは、機長と副操縦士の権威の高低差の傾きを表すもので、傾きが急であれば、機長がワンマンで副操縦士に絶対服従を求めます。万が一機長が間違った判断をしたら失敗を招く恐れがあります。一方で、傾きが緩やかすぎると、機長の指示や言葉に重みがなく、副操縦士が勝手な判断をしてしまい、チームとして機能しなくなる可能性があるというものです。

これはどんな業界にも当てはまることです。リーダーは、状況に応じて権威勾配を変化させなければいけません。ときに強く、ときに優しくです。このバランスを取るために、リーダーは、面倒だと思っても、日頃から部下とのコミュニケーションを密にすることです。

「なんでも言ってね」では、部下は何も言ってくれません。だから、「○○しようと思うんだけど、君はどう思う?」と声をかけるのです。

最初は、煙たがられたりすることもあるかもしれませんが、上司はめげないことです。日々の業務の中で、これを繰り返すうちに、コミュニケーションの土壌が生まれ、上司と部下との間に信頼関係ができます。

リスクマネジメントは、置かれている立場によって役割が違います。メンバーが発言を躊躇《ちゅうちょ》している職場は、リーダーのコミュニケーション能力に問題があります。メンバーが勇気を持たなくても自由にものが言える環境を日頃から整えることが重要です。

良いチームワークは、どんなリスクマネジメントより強力で効果があります。

88

批難を恐れず、信念を貫く「姿勢」は、応援されやすい

CA時代、クルーの間では知らない人がいないくらい怖くて有名な男性チーフパーサーがいました。今でこそ、チーフパーサーが女性というのは、不思議でもなんでもない普通のことですが、私が新人の頃は、チーフパーサーと言えば男性しかいない時代です。

女性が多いCAの世界で、男性チーフは目立つ存在です。「○○チーフは素敵」とか、「○○チーフは、仕事をしない」とか、色々な噂《うわさ》が飛び交います。そんな中で、彼は皆が震え上がり、恐れられていたチーフパーサーです。

特に、安全にかかわることに対しては、一切の妥協がありません。ブリーフィングと言われるフライト前の打ち合わせでは、安全について徹底的に確認し合います。

フライト経験の浅い新人には、質問攻め。安全意識が徹底的に叩《たた》き込まれます。あまりの厳しさに、泣き出してしまうCAもいるほどです。そんなチーフのもとでは、フライト中も気が抜けません。常に安全第一、安全を阻害する行動には、たとえお客様の前であっても、怒鳴り散らす勢いです。

今なら、パワハラで訴えられてもおかしくない厳しさです。当時は、ただただ恐ろしいチーフとしか思えなかったのですが、彼には「安全に飛行することが、一番のサービス」という強い信念があったのです。

たとえ、メンバーに恐れられ、嫌われたとしても、常に安全を最優先するという強い信念は揺らぐことがなかったのです。

実際、彼は皆に恐れられ、やり過ぎではないかとの批難も浴びていました。ワンマンともとられかねない強いリーダーシップで、最後まで安全に対する取り組み姿勢を崩しませんでした。言葉遣いも荒く、周囲からは敬遠されるタイプでしたが、安全に対する強い信念には、一目置かれる存在でもありました。

このように、誰にどう批難されようとも、恐れずにその信念を貫く姿勢には、人々の心を打つパワーがあります。自分の信念を持ち、揺るぎなくその信念を貫くことで、周囲の人が共鳴し、最後には応援したくなるのです。

何を言っても、何をやっても、世の中には批難する人が一定数います。であるならば、批難を恐れず、自分の信念を貫くことが一番です。

人から応援されるということは、何よりの財産です。自分の信念を貫くことで、財産を得られるのならば、これほど素敵なことはありません。

89 過去の失敗事例ほど、未来のリスクマネジメントに直結する

人生に失敗はつきものです。

おっちょこちょいの私は、何かを忘れたり、言い間違いをしたり、勘違いをしたり、といった失敗が結構あります。失敗は、できればしたくないものですが、どれだけ注意をしていても、失敗するときは失敗してしまうものです。

小さな失敗は笑い話で済むのですが、大きなダメージとなる失敗は、影響も大きく、回復するのが大変です。

航空会社の場合、「事故」がそれにあたります。世界中で航空機事故は数え切れないほど起こっています。小さなアクシデントから大惨事になるような大事故まで様々です。

私がJALに入社した1985年には、御巣鷹山《おすたかやま》で墜落事故が起こりました。多くの命が奪われ、35年経《た》った今でも、航空史上最悪の事故として語り継がれています。

事故を境に、安全に対する取り組みが大きく変わりました。経営方針から、緊急避難訓練のあり方、社員の意識改革まで、安全運航を大命題に社内改革が行われ、現在に至っています。

CAが年に一度必ず受講する緊急避難訓練は、あらゆる緊急事態を想定して行われています。「離陸のときに、オーバーランしたらどうするか」、「太平洋上に不時着水しなければいけなくなったらどうするか」、「オーブンから火が出て、火災になったらどうするか」など、基本対応を繰り返し訓練します。

訓練のベースになっているのは、世界の航空会社で起きた過去の事故事例です。過去の事故を徹底的に分析し、原因を究明し、実際に起こった際には、どう対応するのかを一連の動きで確認しながら訓練します。

事故に限らず、失敗を失敗で終わらせないためには、過去の失敗を徹底的に分析することで

す。笑い話で終わらせるかわいい失敗はいいのですが、小さな失敗は、原因も考えないままやり過ごしてしまうことが多いです。どんな失敗にも必ず原因があります。その原因を突き止めないと、また同じことが起こりかねません。

失敗には誰しも目をつぶりたくなりますし、できれば忘れてしまいたいと思うこともありますが、**「失敗は戦略の宝庫」**です。

過去の失敗に向き合ってこそ、失敗のない未来が近づきます。いつまた襲ってくるかもしれない、ある日突然やってくるリスクに対して事前にマネジメントすることを手助けしてくれるのは、過去の苦い経験です。過去の失敗は、未来のリスクマネジメントに直結しています。

90 目が合ったらとりあえず微笑み返すだけで、空気が良くなる

人間関係が上手くいっている組織や集まりには、必ず笑顔があふれています。皆が真面目な顔で仕事をしていても、どこか穏やかな雰囲気が流れているものです。

ある物流会社の研修に行ったときのことです。職場は倉庫が併設され、終日荷物の管理や配送を行い、来客もほとんどないような会社です。社員は、「お客様は荷物」と口をそろえて言うほど、外部の人に接することのない職場環境です。20名ほどの社員さんは、ほとんどが男性です。物流会社の男性社員だから、さぞかし無骨で強面《こわもて》の人達なんだろうなあ、と思っていたのですが、私が会社に入るなり、一人の男性社員さんが作業の手を止めて、立ち上がって挨拶をしてくれたのです。私も挨拶をして、中に進んでいくと、次から次に社員さんが立ち上がって挨拶をしてくれたのです。

研修講師が来るので、きちんとした態度で挨拶するように言われているのかなと思い、何気なく伺ってみると、たまにしかやってこない来客には、必ず立ち上がって挨拶をすることが自然にできているとのことでした。

しかも、全員が全員、満面の笑みです。研修講師の出番がないほど、素晴らしい来客対応ができています。驚いたのは、私と目が合った社員さんからは、照れることなく「ニコッ」と微笑みが返ってくることです。なかなかできることではありません。

特に日本の男性はシャイな方が多く、目が合っても何となく目をそらしてしまったり、ばつが悪そうな顔になったりするのです。目が合っても、笑みが返ってくることはほとんどありません。**外国人のように、ウインクまでする必要はありませんが、目が合ったら少し柔らかな表情を**

送り返すだけで、その場の空気は和むものです。

そして何より、あなたの人間としての魅力が高まります。**目が合って、ニコッと微笑む人を敬遠する人はいません。**

研修講師として様々な企業を訪問すると、企業のカラーが見えてきます。職場の雰囲気を作っているのは社員、すなわち「人」です。社員が生き生きと働く職場は、雰囲気も明るく、良い気が流れています。良い気が流れている職場は、コミュニケーションが円滑に行われています。

この**円滑なコミュニケーションこそ、最大のリスクマネジメント**です。お互いが必要な情報を必要なときに共有し、必要なときに力を合わせる。この環境が、事前にリスクを回避し、リスクが現実化したとしても、迅速に、適切に、大きな傷になる前に対処できる基盤になります。

この環境を作るのは、リーダーの仕事です。環境は、毎日の積み重ねで変えることができます。まずは、周りの人と目が合ったら微笑みを返してください。最初は、怪訝《けげん》そうな反応が返ってくるかもしれませんが、必ず良い気が流れ始めます。環境を変えるには、めげずに続けることが一番の近道です。

第 5 章

折れないメンタルを持ったリーダーになる

リーダーは孤独です。

内心は自信がなくて不安でいっぱいなのに、簡単に弱音は吐けない。プライドが邪魔をし、知らないことを知らないとは言えず、部下にも聞くことができない。本当は部下を大切に育てたいと思っているのに、上手く表現できない——など、一人で思い悩み、少なからず孤独感を味わっています。

リーダーは、仕事の技量を磨き、努力と自己研鑽《けんさん》を重ねてきたからこそ、そのポジションを与えられた人です。経験を重ね、「ビジネススキルとしての強いメンタル」が形成されている人もいる一方、**リーダーの中には、実は人知れず自分の弱さに思い悩んでいる人**もいます。

この章では、そんな悩みを持つリーダーに、自信がつき、少々のことではへこたれないメンタルをつくる心構えをお伝えします。

私がチーフパーサーとしてファーストクラスを担当していた頃、お客様には企業の経営者や政治家、著名人など日本や世界を代表するリーダーが多くいらっしゃいました。

そんなリーダーには、ある共通点があります。

それは、**謙虚な姿勢の中に垣間見《かいまみ》える強い信念と礼節をわきまえた振舞い**です。当時、私も15名の部下を持つリーダーでした。リーダーとして悩むことが多いときに、著名な各界のリーダーと身近に接する機会に恵まれ、貴重な学びを得ることができました。

どんなリーダーでも、数々の失敗を繰り返し、困難を乗り越えて今の地位を手に入れています。そして、揺るぎない信念と、誰に対しても礼を尽くし、かつ節度をわきまえた言動が、周囲の信頼を得て、リーダーとして成長していくということを目の当たりにしました。

リーダーとしてどうあるべきか、部下や後輩に対してどのように接すればいいのか、リーダーとして、円滑な人間関係をどう築いていけばいいのかのヒントをご紹介します。

一流のリーダーから学んだ一流のメンタルは、簡単には折れない強いメンタルなのですが、それは強いだけでなく、愛情にあふれた心優しいメンタルでもあるのです。

リーダーとして奔走するビジネスパーソンが、強く優しい「折れないメンタル」を持ったリーダーに変身できる方法を探してみましょう。

91

年上の部下や後輩に対しても、優先すべきは「自分のプライド」

現在の日本の会社組織は、少し前まで主流とされていた年功序列や終身雇用の制度が崩れ、キャリアアップのための転職は当たり前、年齢性別は関係なく、実力と成果が伴えば年齢が若くても、それなりのポジションにつくことが可能になった企業が増えてきました。役職も年収も実力次第という風潮は、昇格は年齢の順で回ってくると考える昔のサラリーマンには少し受け入れがたいことなのかもしれません。

働く環境が大きく変化する中で、職場の人間関係も複雑になります。同じ職場で雇用条件の違う人達と働くことになったり、年上の部下を持つことになったりと、人間関係にも何かと気を遣うことが増えてきました。

私がチーフパーサーに昇格したとき、部下となるメンバーの中に、年上で私よりも社歴が10年も古い大先輩が４人もいました。前に述べたように、ＣＡの世界は厳しい上下関係があり、一期違えば虫けら扱いをされるほど先輩が力を持つ業界です。当然、年下でしかも10年以上も後輩の私を上司に迎えることが、面白いわけがありません。あからさまではないものの、**ジワリときいてくる嫌がらせ**が始まります（笑）。今でこそ笑い話なのですが、メンバーの前で私の失敗を披露してみたり、私の上司にあることないことを告げ口したり、チームとして協力しなければいけないときに、協力してくれなかったりと嫌がらせが続いたのです。

つらい毎日が続いたのですが、絶対に譲らなかったことがあります。それは、私のプライドです。相手が手ごわい先輩であっても、仕事に対するプライド、つまり仕事に対する姿勢だけは、誰が何と言おうと曲げることはしなかったのです。その信念というのは、**先輩であっても後輩であっても、公平に接すること、公平に接するけれど、処遇は必ずしも平等ではなく、その人の頑張りやチームへの貢献度で差をつけること**でした。その評価の基本になることは、日々のフライトで真摯なお客様サービスをしているか否かです。

長という役職を持つリーダーは、年上の部下や後輩がいた場合、彼らに対して気を遣うことも多いものです。年長者に対して敬意を払うことは、人として当然のことですが、必要以上に特別視することはありません。人によって顔色を変えるのではなく、自分の大切にするプライドを優先して、それを貫くことです。たとえ批難されても、猛反発にあったとしても、貫きとおすのです。**何があっても揺らがないリーダーの姿に、年下の部下は憧れを抱き、年上の部下は白旗を揚げて従うようになる**ものです。

92

目標は、遠慮せず堂々と宣言する

「ビッグマウス」と聞いて、みなさんはどんなことを連想するでしょうか?

そのまま日本語に訳すと、「大きな口」、つまり大口を叩《たた》いたり、ホラを吹くという意味で捉えられています。ちなみに、これは英語でも使われる表現なのですが、日本とは違い、「BIG MOUTH」とは、「なんでもペラペラと喋《しゃべ》ってしまう口の軽い人」という意味で使われています。日本で使う「ビッグマウス」というのは、実は和製英語だったのですね。

話を戻しますが、私が「ビッグマウス」と聞いて頭に浮かぶのは、サッカーの本田圭佑選手です。私のなかでは、本田選手は「ビッグマウス」の代名詞のような人。サッカーだけでなく、ライフスタイルにも随所に「ビッグマウス」の片鱗《へんりん》が見られ、マスコミなどでも一時大きく取り上げられていましたね。

一般的に「ビッグマウス」というと、悪い意味で捉えられることが多いものです。日本では、実力以上に自分を大きく見せたり、大きな口を叩いたりすることは、好感を持って受け入れられることではありません。受け入れられないばかりか、ときに嫌われてしまいます。それをわかって、「ビッグマウス」でいるには、相当の覚悟と精神力が必要です。実力以上の大きな口を叩いていることは、実は本人が一番わかっています。だからこそ、自分を追い込み、公言した以上の結果を出すために努力できるのです。

私は、幼少の頃から憧れ続けた客室乗務員になり、大好きなＪＡＬに入社しました。天職として仕事をし、順調に昇格していきました。チーフパーサーとして客室を任され、同期で一番に管理職にも昇格しました。

当時、自分を鼓舞するために宣言していたこと、それが、「ＪＡＬの社長になる！」でした。今思うと、「なんと大それたことを宣言していたもんだ」と気恥ずかしくなります。「ビッグマウス」もいいところです。**周りからは失笑を買っていたかもしれません。でも自分の中で、確実に意識が変わりました。大きなことを言った以上は、それに伴う実力と実績が必要です。本気で人の上に立つための勉強を始めました。**偉大な経営者の本や自己啓発本なども読み漁《あさ》りました。

ＪＡＬの社長にはなれませんでしたが、**仕事に対する覚悟と自信、そして人が何と言おうと気にならない「自分」を確立することができた**のです。ただの「ビッグマウス」では、誰も応援はしてくれませんが、信念をもってひたすら努力していると、必ず応援者が現れます。

まずは、大きく宣言する！ことです。人に何と思われようが関係ありません。本田選手のように、突き抜けた「ビッグマウス」は、自分を強くしてくれる強力な武器になります。その結果、本田選手が世界で活躍したように、それは仕事上で、次の「ステージ」に移るための後押しをしてくれるのです。

93 理不尽に出合ったときは、耳で聞いて心で訊かない

最近流行《はや》りのアンガーマネジメント。みなさんも一度は耳にしたことがあると思います。忍耐強いとされてきた日本人の性質も時代と共に変わってきたのでしょうか。道ですれ違いざま、袖が触れただけで殺人事件に発展したり、車で追い越されただけで、執拗《しつよう》にあおり運転を繰り返したり、「怒り」の感情が日常生活のいたるところに潜んでいるように思います。少し刺激したら「怒り」が大爆発を起こし、誰の身にも突然降りかかってくる、そんな時代だから、怒りの感情をコントロールする手法がもてはやされるようになったのでしょう。

私がチーフパーサーとして15名のCAを部下に持ったとき、同じグループに私より8歳年上

の先輩が部下として配属されたことがあります。８年も後輩の私が上司になることが面白くなかったのでしょう。事あるごとに反発し、依頼しても非協力的、何を言っても素直に聞き入れてくれません。こちらが我慢していると嫌がらせがエスカレートしていきます。いつ「怒り」が爆発してもおかしくない状況でしたが、私は上司です。指導すべきことは、毅然《きぜん》と指導し、「怒り」の感情をコントロールしたのです。それが次の三つの方法です。

①耳で「聞いて」、心で「訊《き》かない」
②絶対に「迎合しない」
③マイテーマソングを心で歌う

まず一つは、耳で聞いて、心で訊かないこと。「聞く」は耳を傾ける、「訊く」はたずねるという意味があります。相手の理不尽な言い分は、耳ではキチンと聞くのですが、心でたずねない。つまり嫌がらせや感情的な反抗には、心を動かされずやり過ごします。

二つ目は、絶対に「迎合しない」ことです。相手が先輩だからとか、向き合うことが面倒くさいからとの理由で簡単に迎合してはいけません。迎合しないというのは、自分の信念を曲げないということです。自分の軸をブレさせず、その姿勢を貫き通すと、相手も根をあげ認めてくれるようになります。そうなると自分の「怒り」も収まっていきます。

最後は、心の中で「マイテーマソング」を歌うことです。私の場合、仕事で「怒り」が収まらないときや、ピンチのときには、大好きなB'zの「ウルトラソウル」が頭の中で流れてきます。野球選手がバッターボックスに登場するときに流れる「登場曲」のようなものです。テーマソングを心の中で大熱唱することで、不思議と気持ちも落ち着いてくるのです。気持ちを奮い立たせるには、音楽の力は絶大です。

喜怒哀楽と言われる人間の感情の中で、一番「負」のパワーが強い「怒り」の感情を、うまくコントロールできるようになれば、人生の質は向上します。苦もなく「怒り」をコントロールすることができるのは、メンタルが強く育っている証拠です。

94 部下に花を持たせる

ファーストクラスには、国内外のＶＩＰがご搭乗になります。大企業の会長、社長をはじめ、著名人や政治家、一流スポーツ選手等様々です。ファーストクラスに乗る方すべてではありませんが、会社や業界を背負い、責任ある地位につく方は、人に対する礼節も振舞いもスマートで、謙虚な方が多いです。

チーフパーサーは客室の責任者として、ファーストクラスを担当します。普段テレビでしかお目にかかれないようなＶＩＰのお客様と直接会話して、お人柄やご人徳に触れた貴重な体験は、私の人生の中で、とても大切な財産になっています。

そんな私の貴重な体験の一つ、ある経営者のエピソードをご紹介します。そのお客様は、誰もが知る一部上場企業の社長で、秘書を伴いフランクフルトへご出張でした。社長はファーストクラス、秘書はビジネスクラスにお座りです。その社長は、少し強面《こわもて》の外見とは裏腹に、とても穏やかな物腰で、私達乗務員にも丁寧に接してくださる素敵な紳士でした。

フライト中、お仕事の打ち合わせがあったのでしょう。ファーストクラスに秘書を呼びつけられました。かなりシリアスなご様子でやり取りが続いています。厳しい言葉も飛び交っています。しばらくして決着がついたのか、今度は私が呼び止められ、横に秘書を立たせたまま、社長がこうおっしゃったのです。

「長い間、秘書をファーストクラスに留《とど》まらせて申し訳ない。仕事でどうしても確認しなければいけないことがあって。いつも私がきちんと説明しないから、秘書には大変な思いばかりさせてしまって……、でも本当によくやってくれているので、自慢の秘書なんですよ」

私にとって、それは意外な言葉でした。なぜなら、社長は秘書に厳しい口調で指示を出し、どう見ても怒っていらっしゃるように見えたからです。こんなとき、聞かれもしない秘書の仕事ぶりをわざわざ私に褒める必要はないのです。それを横で聞いていた彼女は、恥ずかしそうにはにかんでいらっしゃいましたが、とても誇らしげで嬉しそうに見えました。

やり取りの詳細は知る由もありません。でも、**明らかに社長は、部下である秘書に敬意を示し、その場で花を持たせた**のです。公共の場で、秘書に対して厳しい口調でやり取りし、秘書に恥をかかせてしまったとの想《おも》いがあったのかもしれません。社長という立場上、部下に厳しく指導することは当然のことです。でも部下にしてみれば、周囲の目がある中で叱責されるのは面白くないはずです。恐らく**部下の気持ちを察して、私に部下の普段の仕事ぶりを褒めた**のです。

その秘書がビジネスクラスにお戻りの際、「社長は仕事に一切の妥協を許してくれない厳しい人なんですが、私が失敗しても、きちんと認めてくれるんです。まだまだ勉強です」とおっしゃいました。何て素敵な関係なんだろうと、部下を持つ身である私は、上司としての在り方を考えさせられました。

誰もが多かれ少なかれ自分を誇示したい気持ちを持っています。**あえて相手に勝ちを譲り、花を持たせることで、花を持たされた相手は、その人のファンになります。**ファンが増えていくことで人間関係も豊かに成熟していくのです。

95 リーダーは「あえて一歩下がる」ほうが、物事がうまくいく

「出る杭《くい》は打たれる」ということわざがあります。

今でも日常的に使われることがあるほど、日本人にはなじみのあることわざです。

才能や手腕が抜きんでていると、人から憎まれたり、やっかみを買ったりして、邪魔をされます。また、余計なことや差し出たことを言ったりやったりすると、人から非難され、制裁を受けることもあります。

日本人の国民性として、「よそ者」を排除しようとする心理が働くのでしょうか。安心できるのは、「皆と一緒の横並び」で、皆と大きく違う考え方や行動をする「よそ者」は認めないという日本人の同調気質が影響しているのかもしれません。日本社会の風潮をよく表していることわざですね。

会社や業界によって、事情は異なると思いますが、似たような現象はどこにでもあるものです。そんな協調性を重んじる日本社会の中で、しなやかに生き延びるには、あえて「一歩下がったポジション」にいることが、物事がうまくいく秘訣《ひけつ》です。

ビジネスにおいても、出ると打たれます。しかし、皆と一緒の横並びでは成功しません。松下幸之助さんがおっしゃったように、**「出過ぎた杭は打たれない」のでしょうが、出過ぎるまでには程遠い状況であるのなら、「一歩下がったポジション」がちょうどいい**のです。

特に、リーダーの立場にいる人ほど効き目があります。

リーダーの立場にいる人は、自分が何とかしなければ、と思う責任感が強い人が多いです。自分が前面に出て、メンバーをまとめ、統率しなければいけないと使命感を燃やすのですが、そういうときこそ、一歩下がることです。

私がチーフパーサーに昇格して、初めて部下を持ったとき、自分がメンバーに模範を示し、指導者としてチームを引っ張っていかないといけない、失敗してはいけない、とにかく前に出て旗振りをしなければいけない、と強く思っていました。

でもそう思えば思うほど、空回りしてしまい、成果が出なかったのです。出方にもよるのでしょうが、**リーダーが出過ぎると、部下は引いてしまいます。**リーダーが一歩下がり、あえてポジションを入れ替えることです。リーダーが一歩下がり、部下が一歩前に出ることになると、責任感の強い部下のモチベーションは一気に上がります。

「一歩下がったポジションをあえて取る」ということは、あえて「任せる」ということです。**本来リーダーがすべきことを、あえて「任せる」ことで、組織は活性化します。**

「任せる」ことは、相手に優位性を感じるポジションを与えることです。リーダーにとって少し勇気のいることですが、その勇気が相手を動かし、物事が自然といい方向に流れていく一歩になります。

96

どんな部下でも、褒めるところを一つ見つければ、チームのモチベーションと生産性が上がる

私が客室マネジャーの頃、約80名の部下がいました。80名もいれば、個性も考え方も仕事に対する姿勢も様々です。接客業であるCAは、「お客様満足度の高いサービスをする」ことを目標に日々フライトしているのですが、中には、接客業に不向きなCAも存在します。

人間性を否定するわけではありませんが、「接客に向かない」のです。

どんな仕事も、どんな業界でも言えることですが、人には向き不向きがあります。いわゆる適性というものですが、CAになりたいと思っても、「人と話すのが億劫《おっくう》」とか、「初対面の人と話すのは、極度に緊張する」といった人は、接客業には向きません。

そういう意味で、**私の部下に「どうしようもないダメな部下」がいました。**彼女は、決して人の悪口を言わず、とても純粋で正義感にあふれた人なのですが、それが高じるとお客様に不快感を与えてしまうのです。「安全上ダメなものはダメ。規則は規則」と杓子《しゃくし》定規にとらえ、それをお客様に言葉と態度で表してしまいます。お客様に同じことを伝えるにしても、言葉遣いや表情、態度でお客様に不快な思いをさせずに伝えることができなければ、接客業は務まりません。

彼女がお客様とトラブルを起こすたびに、チームの士気も下がります。

トラブルを起こしやすい人は、組織の中では浮いた存在になりがちです。周りも色眼鏡で見てしまうものです。そうなると、本人も孤立し、ますますチームワークが崩れていきます。

そういうときは、リーダーが率先して、その人のいいところを見つけることです。

たった一つでいいのです。そのいいところを徹底的に褒め続けるのです。褒め続けることが重要です。人は一つのことを褒め続けられると、それが自信になり、モチベーションが上がります。モチベーションが上がると、仕事の生産性が上がり、成果も出るようになるものです。

彼女は、お客様とのトラブルは多いのですが、**誰も見ていないような目立たない裏方の仕事を**

地道にやっていました。例えば、着陸前に汚れたギャレーの床を丁寧に拭いていたり、他のCAがあまりしないようなことを陰ながらやっていたのです。**そのことを、メンバーの前で紹介し、毎回のフライト後の振り返りで褒め続けました。**

そうすることで、本人のやる気と意識が変わり始めたのです。チームの一員としての仲間意識と迷惑をかけてはいけないという連帯感が生まれ、それがお客様視点でサービスをするという接客態度にも表れ始めました。ダメなレッテルを張られている人は、周囲からの自分の評価を自覚しています。自分はダメだと卑下し、悩んでいることも多いものです。

リーダーの役割は、メンバーのモチベーションを高め、生産性を上げることです。そのためには、メンバー一人ひとりの能力を最大限に高め、チームとしての力に変えていかなければいけません。組織の中では、仕事のできる部下を尊重しがちですが、「どうしようもないダメな部下」の意識を変化させることが、チームの生産性向上の鍵となるのです。

97

普段使いの「小さな拍手」で相手の心をつかむ

みなさんも「スタンディングオベーション」という言葉を聞いたことがあると思います。音楽の演奏会や観劇、スポーツ観戦などで観客が立ち上がって一斉に拍手を送ることです。シャイな日本人にはあまり馴染《なじ》みのない風習でしたが、最近ではよく見られるようになりました。立ち上がると後ろに座る人が気になってしまう、という日本人らしい配慮から馴染まなかったのかもしれませんね。

立ち上がって拍手をする行為は、素晴らしい演奏や感動したプレーに対する最大の賛辞を表しています。「ありがとう」「素晴らしい」という感謝と敬意が込められています。「スタンディングオベーション」までいかなくとも、「拍手」は、身近なシーンでも見かけます。講演やセミナーの始まりと終わりの拍手や、プロジェクトが終わったときや成功したときの拍手など、感謝と敬意に加え、相手をねぎらう意味も込められています。

CA時代、国内線をフライトしたときのことです。東京から福岡に向かう便での出来事でした。福岡線は大阪、札幌に並ぶビジネス路線。早朝はお客様の大半がビジネスパーソンです。午前中は他の航空会社の出発便も多く、空港もラッシュアワーです。セキュリティエリアも混雑しているため、ご搭乗が遅れるお客様もいらっしゃいます。案の定、その便も数名のお客様のご搭乗が遅れています。出発時間が迫る中、チラチラ時計を見始めるビジネスパーソンが増えてきます。ビジネス路線での遅延は、多くのビジネスパーソンにとっては大迷惑なことです。出発時間になってもいらっしゃらないので、遅延のアナウンスをしなければいけません。

多くのビジネスパーソンが、「なんで出発しないんだ」と言わんばかりの険しい顔つきで睨《にら》みつけるようにアナウンスする私に注目しています。顔には出しませんが、遅延のときは、「これ以上遅れたら大変だ」、「お客様が見つからなかったら、どうしよう」などということが頭を駆け巡り、ビジネスパーソンの無言の圧力に耐えながらアナウンスをしているのです。

このときも緊張を隠しながら、「ただいま、この便の出発時刻となりましたが、あと数名のお客様のお越しをお待ちしております。出発が遅れて申し訳ございません」とアナウンスをし、頭を下げました。

すると、**目の前に座るビジネスパーソンが小さく「拍手」をしてくださった**のです。

出発の遅延で怒られることは度々ありましたが、「拍手」されたのは初めてのことです。

「拍手」が嬉しかったので、お客様に話をうかがうと、「遅れるのは困るけど、ちゃんとアナウンスして、頭まで下げてたから、つい拍手しちゃったんだよね」とおっしゃったのです。

「拍手」は、相手を認め、賞賛し、喜ばせる行為です。改まった席ではなく、日常の何気ないシーンでこそ、その価値が相手の心に響きます。普段使いの小さな「拍手」は、相手の心をつかむのに有効な「ノンバーバル（非言語）コミュニケーションツール」です。

98 「誰がミスをしたか」ではなく、ミスの原因だけを分析する

飛行機の運航には、多くのスタッフが関わっています。航空会社というと、CAやパイロットのイメージが先行していますが、普段お客様には直接接しない多くの部署が関連し、多くのスタッフが各々の持ち場でタスクをこなしています。どの部署が欠けても、飛行機を飛ばすことはできません。何よりもチームワークが求められる職場です。

連携がうまく機能しているときはいいのですが、チームワークがいったん崩れてしまうと、すべてががたがたになってしまいます。関係しているスタッフが多ければ多いほど、状況も複雑に

なります。

どんな企業でも、関連する部署が多いと、物事一つ進めるにしても一筋縄ではいかないものです。部署ごとに事情が異なったり、軋轢《あつれき》があったり、連携がスムーズにいかなかったりと、企業体質として、「横」のつながりよりも、「縦」のつながりのほうが強くなるのは、昔も今も大きくは変わっていないようです。

しかし、社内の事情はお客様にしてみれば全く関係のないことです。特に不備やミスがあった場合には、部署間の垣根を取り払い対応しなければいけません。

航空会社でよくあるケースは、空港と客室の間での連携ミスです。例えば、お客様がチェックインのとき、本来貨物室に預けなければいけない手荷物を機内に持ち込みたいというようなリクエストがあった場合、空港スタッフは、機内でＣＡにお願いしてくださいとご案内します。当然お客様は機内で預かってもらえるものだとご搭乗になるのですが、この情報がＣＡに伝わらないケースがあるのです。持ち込もうとしたお客様に、「大きな手荷物は貨物室にお預かりします」とＣＡがご案内してしまったら大変です。「空港では、ＣＡに頼めと言われたのに、どうなっているんだ」とクレームになるのです。お客様にしてみれば、たらい回し状態です。

このように何か不都合が起きた場合、いくつもの部署が絡んでくると、お客様がたらい回しになるケースがよくあります。**部署間の連携ミスは、お客様が迷惑を被るだけでなく、スタッフ同**

士もお互いが正当性の主張を繰り返し、解決にも時間がかかるものです

このケースは、CAが連携ミスを丁重に謝罪し、お客様の手荷物を機内の空いたスペースにお預かりしてご納得いただいたのですが、他部署の責任であっても、まずは謝罪です。

他部署のせいにしたり、他人事のように謝罪するのではなく、真摯に謝罪します。

そして社内で原因を追及するときは、**「誰がミスしたか」を探りがちですが、「どうしてミスが起こったか」に焦点をあてて、犯人捜しはしないこと**です。仲間を信じ、お互いを思いやることが大切です。たとえ誰のミスなのかが特定されたとしても、本人が言い出さない限り、絶対に犯人扱いせず、起こった事象について原因を分析することです。

安易に人を裁かず、徹底的に仲間を信じる姿勢が、お互いの信頼を築き、組織を強くします。仲間を信頼し、仲間から信頼されることが、ビジネスの成功には不可欠です。

99

「部下との距離」を無理に詰めない

ＣＡ時代、客室マネジャーに昇格したときのことです。

マネジャーは管理職です。一般職とは、待遇も労使関係も責務も大きく変わります。管理職に昇格し、新任管理職研修で管理職の心得をみっちりと教育されるのですが、そのときに当時の上司に言われた言葉があります。

「三途《さんず》の川を渡ったのだから、今までとは言動を変えなさい」

「三途の川？　死んでしまったってこと？　縁起でもない！」と、上司の言う意味がわからず、「管理職って、そんなに大変なの？」と漠然と感じたものです。

管理職は、会社の発展に寄与しなければいけない役職です。基本的には経営側に立ち、会社の方針に従って組織をまとめなければいけません。一般職とは違い、部下の育成や管理、部署内の把握や管理など職責も増えます。

最近は、理想のリーダー像も変わってきましたが、一般職とは立場が違うことを認識しなければいけません。「あの人は管理職になって、変わってしまった」とよく耳にしますが、立場が変わった以上、変わって当然なのです。

客室マネジャーになって強く感じたことは、部下との心理的な距離です。私は今まで通り接しているつもりでも、部下にとって私は上司です。**80名も部下がいれば、みんな仲良く一つにまとまるなんてことは、無理なこと**です。私から歩み寄っても、本音を語らない部下も、心を開かない部下もいます。

当時の部下の中にも、業務上必要な報告しかしてこない部下がいました。プライベートの話はもちろんのこと、ちょっとした仕事の話なども一切することがありません。新人管理職だった私は、なんとか彼女との距離を縮めようと、必要以上に話しかけたり、仕事を割りあてたりしたのですが、彼女の態度は変わりません。何をやっても、最後まで心を開くことができなかったのです。

そんなときは、**無理に距離を縮める必要はありません。**それよりも大事なのは、**心を開かない部下に対して、嫌悪感を抱かないこと**です。リーダーとして部下に接するときは、個人的な感情は出さずに、公平であることです。部下と心を通わせることができないことは、寂しいことではありますが、リーダーの気持ちは、リーダーにしかわからないものです。部下には理解できないのです。

リーダーは孤独です。でも、この孤独感を味わうことができて一人前です。

「三途の川を渡った」と言った私の上司は、この孤独感のことを言いたかったのかもしれません。孤独を楽しめるリーダーになってこそ、メンタルも鍛えられた最強のビジネスパーソンに仲間入りできます。

100 「一流のメンタル」とは、「相手の立場に立てる心」のこと

ＣＡとパイロットは、不思議な関係です。

度々テレビドラマの題材にもなるように、世間では興味深いテーマなのかもしれません。安全で快適なフライトを一緒に作り上げるクルーとして、仲間であり、運命共同体であり、フライトが始まると上司と部下の関係になります。

厳密には、ブリーフィングと呼ばれるフライト前の打ち合わせから、国際線では税関検査をクリアするまで、国内線では飛行機を降りるまで、客室乗務員は機長の指揮下に入ります。

そして、フライトごとに毎回クルーは変わります。毎回、「はじめまして」の上司と一緒に仕事をし、そのフライトが終わると上司と部下の関係は終了します。当時のＪＡＬは運航乗務員だけでも３０００名以上、客室乗務員も６０００名を超える大所帯でした。ご縁があると何度もご一緒する人もいるのですが、毎回上司が変わり、フライトごとに人事異動をしているようなイメージです。

機長は安全運航を任されたフライトの責任者であり、絶対的な権限を持ちます。安全に対して機長がNOと言えば、何があってもNOなのです。

絶対的な権限を持つと、人は変わることがあります。傲慢になったり、権力を振りかざしたり、知らず知らず勘違いしてしまうこともあるものです。

リーダーには、「責任を負う」という役割があります。だから部下より権力があって当然なのですが、その権力だけを使って、部下を動かそうとすると失敗してしまいます。

リーダーである機長には、CAに人気のある人とそうでない人がいます。ルックスの良し悪しではありません。人気のある機長は、「決して権力を振りかざさず、相手を尊重し、部下となるCAの立場に立って判断を下す」人です。

今でも親交があり、私が尊敬するパイロットがいます。「フライトの主役はあくまでもCA。お客様に喜んでいただくために、客室で最高のパフォーマンスをしてほしい。そのためにパイロットは常に安全で快適なフライトを心掛けている」という信念を崩さず、今でもフライトしています。

安全は、いかなる場合でも最優先されます。でも安全だけを優先すると、ときにお客様に不自由を強いることがあります。例えば、安全のためシートベルトが点灯しているときには、化粧室に行くことは許されません。CAも着席しなければいけませんので、呼ばれても対応することができません。安全のためとは言え、お客様を目の前にして、ＣＡは何もできないジレンマを感じているのです。

ＣＡに信頼の厚い機長は、そんなＣＡの立場と思いをくみ取り、バランスよく対処します。その機長がＣＡに絶大な人気と信頼を得ているのは、ＣＡの立場を理解したうえで、言葉を尽くして、「お客様に最高のフライトを提供しよう」という思いをクルー全体で共有しているからです。**相手の立場に立ってものを考えることは難しいですが、たとえそう考えていても、それを言葉にして伝えなければ、周りにその思いは伝わりません。最高のリーダーはその両方ができている人です。**

簡単なようで実は簡単ではない、「相手の立場に立つ」ということ。

そして、その思いを「きちんと言葉にして伝えて共有する」こと。

この二つを自然とできる人が「一流のメンタル」を持つ、「最高のリーダー」です。簡単には到達できなくても、リーダーになった以上、そこを目指して歩んでいきたいものです。

山本洋子（やまもと・ようこ）

株式会社CCI代表取締役。接遇研修講師、キャリアコンサルタント。

元日本航空（JAL）国際線チーフパーサー、客室マネージャー。

25年間JALに在籍し、国際線チーフパーサーとしてファーストクラスを担当。海部元首相や天皇陛下特別便、MLB選手チャーター便等の特別便や各界の著名人をはじめとした国内外のVIPに接してきた。

その間、客室訓練部にて教官として約1000人の新人CAを育成し、CA採用面接官も務める。管理職客室マネージャー昇格後は、約80人の部下の指導育成と人事考課等のマネジメントを行う。

サービス品質企画部において、JALの模範CAとなるサービスアドバイザーを任命され、機内サービスの企画立案、策定、CAのサービス技量向上を目指したCA評価システム構築に携わり、のべ6000人超のCAの査察評価・育成にあたる。

退職後は外資系保険会社にて7年間コンサルティング営業に従事。営業経験なし、人脈なしの状況で初月トップの成績をたたき出す。

軍隊のように厳しいCAの世界を25年間生き抜いてきたメンタル力、高品質なファーストクラスのおもてなし力、チーフパーサーとしてフライトパフォーマンスを向上させたリーダーシップ力、保険会社で学んだお客様から信頼されるコミュニケーション力を武器に2018年「株式会社CCI」を設立。

現在は国土交通省や外資系ホテルのビジネスマナー研修をはじめとした企業研修と経営者を対象にしたサロン「エグゼクティブSTYLE」を主宰、働く女性を対象にした「エレガントSTYLE」等の各種講座とマナー講師養成やキャリア形成のための講座等を幅広く展開する。

HP https://www.carcreintl.com

どんなストレス、クレーム、理不尽《りふじん》にも負《ま》けない
一流《いちりゅう》のメンタル　100の習慣《しゅうかん》

2021年 5 月30日　第1刷発行
2021年10月30日　第2刷発行

著者　山本洋子
発行者　三宮博信
発行所　朝日新聞出版
〒104-8011　東京都中央区築地5-3-2
電話　03-5541-8814（編集）
03-5540-7793（販売）
印刷所　大日本印刷株式会社

Published in Japan by Asahi Shimbun Publications Inc.
ISBN 978-4-02-331952-3